なるには
BOOKS
別巻

中高生の
防災ブック

今からできる自分の命の守り方

益田美樹 著

ぺりかん社

はじめに

　この本の目的は、中高生のみなさんの防災力向上をお手伝いすることです。そして、みなさんに、自分や大切な人の命を守れる人になってほしいと願っています。

　防災力は筋力と同じです。定期的にトレーニングを重ねることで、細かった腕に筋肉がついていくように、防災対応能力も養うことができます。
　そのトレーニングとは、災害が起きた時のシミュレーションです。この本では"自主トレ"ができるよう、ワークを盛り込んでいます。毎日でなくても構いません。筋トレならぬ、防災脳トレをぜひ試して、定期的に続けてみてください。

　この本には、一般的な防災ハウツー本ではあまりふれられない内容も入れました。学校防災と、将来の防災、そして、環境問題についてです。いまの自分の命はもちろん、将来の自分の命、そして大切な人の命をも守るためには何が必要か。それを考えるうえで、この本がみなさんの役に立てれば幸いです。

　最後になりましたが、取材には多くの方々にご協力をいただきました。すべてのみなさまに深くお礼申し上げます。

著者

この本の使い方 GUIDE OF BOOK

この本は、5章構成です。防災を自分ごととして考えるところから
始まります。そして、実際に災害に対して自分から動いていけるように、
ステップアップしながら必要な事柄を紹介しています。

途中からつまみ読みするのも自由です。興味にそってページを開いてみてく
ださい。そして、すべて読んだあとも、折を見てまた読み返してみてくださ
い。くり返し読むことで自分なりの学びとなっていきます。

こんな時は？

「まずは手っ取り早く、家での防災力を高めたい」

 家の防災は大事ですよね。そんな人は、→ **3**章 (p.47) から。

「学校は安全だよね」「でも、外出中に災害が起こったらどうなるんだろう」

 現状を知り、対応力を身につけてみませんか。
ぜひ → **4**章 (p.93) を。

「そもそも災害ってどんな種類があるの」「どうやって起きるんだろう」

 災害は、学ぶ機会があまりないかもしれません。
研究の積み重ねで、メカニズムもあきらかになっています。
続きは → **2**章 (p.25) で。

「たくさんの防災情報。どう利用すれば……」

 そうです、情報を読み解く力がカギになります。
→ **1**章 (p.9) で実感ください。

「災害って怖い」「防災にどう向きあっていけばいいんだろう」

 恐れることも能力のひとつ。防災は生き方にもかかわります。
→ **5**章 (p.121) がヒントになれば。

はじめて防災に取り組む中高生のみなさんにも理解できるようにやさしく
説明しています。紹介しているワークに取り組みながら、自分なりの防災を
デザインし、自分と大切な人を守るための一歩を踏み出してみてください。

目次 CONTENTS

4章 外での「自分の防災」デザイン

5章 未来への防災

● 本書に登場する方々の情報等は、執筆時のものです。

[装幀] 図工室　[本文デザイン] 熊アート　[カバーイラスト] おおさわ ゆう　[本文写真] 取材先提供

「なるにはBOOKS別巻」を手に取ってくれたあなたへ

　「なるにはBOOKS」は、働くことの魅力を伝えたくて、たくさんの職業について紹介してきました。「別巻」では、社会に出る時に身につけておいてほしいこと、悩みを解決する手立てになりそうなことなどを、テーマごとに一冊の本としてまとめています。

　読み終わった時、悩んでいたことへの解決策に、ふと気がつくかもしれません。世の中を少しだけ、違った目で見られるようになるかもしれません。
　本の中であなたが気になった言葉は、先生やまわりにいる大人たちがあなたに贈ってくれた言葉とは、また違うものだったかもしれません。

　この本は、小学生・中学生・高校生のみなさんに向けて書かれた本ですが、幅広い世代の方々にも手に取ってほしいという思いを込めてつくっています。
　どんな道へ進むかはあなたしだいです。「なるにはBOOKS」を読んで、その一歩を踏み出してみてください。

1章 防災をデザインしよう

01 自分で防災を デザインしてみよう！

❗ 災害時をイメージして自分に合った備えを

防災の目的は 災害から身を守ること

　災害は自然によって引き起こされるものなので、残念ながら、人間が災害自体を防ぐことはできません。災害を防ぐ「防災」ではなく、災害を減らす「減災」という言葉を使う人がいるほどです。災害のダメージを最小限にとどめること。それが、この本の防災のイメージです。

　しかし、災害とひと口に言ってもいろいろあります。近年増えている集中豪雨による風雨災害、それが原因で引きおこされる土砂災害、そのほか、地中深くのプレートの作用で起こる地震もそうですね。それぞれに特徴があり、対応も異なります。

　災害と闘うのなら、まずは闘う相手＝敵を知ることが大切です。自分の生活のどこに、どのような敵がいるのか。どんな対応ができるのか。

　自分の状況をしっかり知っておくことも重要です。もしあなたが赤ちゃんを連れたお父さんだったら、避難をする場面で、その子の世話に必要なミルク、オムツなども必要になってきます。持ち物も避難経路も、何歳くらいの人か、単独で自由に動けるのか、いっしょに移動する家族が

いるのかなどによって変わってくるのです。

自分の防災を自分でつくる

　そこで、より具体的に備えたい時に役立つのが、防災デザインです。自分が置かれた環境で、どのような災害のリスクが高いかをまず把握する。そのうえで、災害のリスクに合わせて備える計画を立てる。それが防災デザイン。いわば、自分でつくるオーダーメードの防災計画です。

　どんなにお金と時間をかけて対策をしていても、それが自分の防災にマッチしていなければ、役に立ちません。

　たとえば、避難グッズの持ち出し袋が販売されていますが、内容物はおおよそ平均的な成人を想定して集められたものなので、使う人には自分用にカスタマイズするよう勧められています。

　敵を把握し、自分の状況を客観的に分析することができれば、たとえ場所を移動しても、ライフステージが変わっても、そのときどきで防災デザインは可能です。

　これから生きていくための軸を育むため、ぜひあなたなりの防災デザインを意識して、この本を読み進めてみてください。

02 ハザードマップを 活用！

！ まずはリスクの把握から！

災害の影響や避難状況を知る

　身の回りにどのような災害のリスクがあるのか。それを知る手がかりのひとつが、ハザードマップです。ハザードマップには、いろいろな災害で影響がおよぶと予想されるエリアが記されています。平常時から備えを進めて、被害を少しでも減らそうという目的でつくられているため、避難所情報もあわせて載っています。

　ハザードマップは、全国の市町村が公表しています。国土交通省がこれらを集約したポータルサイトを設置しているのでぜひ一度見てみてください。このサイト上にあるわがまちハザードマップで、まずは、自分がいる市町村名を入れて検索し、ハザードマップを実際に見てみましょう。

　ハザードマップに記載されている内容には注意する点もあります。被災想定は、どのような被害が出るかをイメージする参考情報だということ。

　たとえば、災害の発生時刻によって、避難の難しさは大きく変わることがあります。災害に備えるには、ハザードマップを参考にしつつ、そうした条件の変化もふまえておく必要があります。

　では、リスクを把握したあと、それを実際の備えに活かすためにはどうすればよいでしょうか。

　訓練の一つとして、災害図上訓練DIG（ディグ、Disaster Imagination Game）と呼ばれるワークショップがあります。災害リスクを把握し、そのリスクとどのように向かい合うかを議論しながら学ぶものです。

　基本的な流れはつぎのようなものです。検討するエリアの大きな地図を用意し、ハザードマップを参照しながら、複数の人たちでいっしょに見ていきます。具体的には、役場や避難所などの防災拠点に印をつけたり、浸水区域といった危険箇所を書き込んだりします。参加者は、このような作業によって災害を疑似体験し、よりリアルな感覚をもちながら、備えや災害時の行動を話し合うことができます。

茨城県常総市の鬼怒川決壊で水没した車「平成27年9月鬼怒川決壊の概要」（国土交通省）　https://www.cbr.mlit.go.jp/mie/river/conference/saigai/file/h28_0711_siryou-1.pdfを加工して作成

災害リスクとハザードマップ

PROFILE

[**小村隆史** さん]

常葉大学社会環境学部准教授。地域防
災・防災教育などが専門。災害図上訓練
DIGの考案者。防衛庁(当時)防衛研究所
などを経て現職。

→ スタートラインに立つのは現実を直視してから

災害リスク＝被害が出る可能性

あなたの身の回りには、どのくらいの災害リスクがある
のでしょう。災害リスク、つまり被害が出るかどうかは、
地域の状況と、自然の荒々しさとの関係で決まります。低
地には水がたまりやすいけれど、小雨なら排水能力のほう
が高くて浸水せずにすむ。そういう関係です。

その関係性(＝被害が出るかどうか)を地図上で示したも
のがハザードマップです。ハザードマップでは、自然の
荒々しさ(外力と呼ばれます)のレベルを設定し、「○○(単
位)くらいの外力に襲われたら△△(範囲)まで被害がおよ
ぶ」をシミュレーションしています。

南海トラフ地震

→静岡県の駿河湾から宮崎県沖の日向灘沖にかけてのプレート境界を震源としておおむね90〜150年間隔で発生してきた大規模地震。前回の南海トラフ地震からすでに約80年が経過していて、近い将来確実に発生するとされている。2030年代半ばから後半の発生が有力視されている。

災害リスクの確認は何のため？

　防災教育の出発点は「住む場所選びの目を養うこと」だと考えます。自然の営みである外力はコントロールできませんが、どのような状況の地域に住むかは選ぶことができます。住む場所は大人が決めるにしても、自宅の災害リスクの確認は子どもでもできるのです。

ハザードマップで学ぶ

　私はDIGを考案し、地域で防災に関する話し合いを深めようと活動しています。16ページからの防災を知る！②③ワークショップDIG参加ルポ〜前半、後半を読んでみてください。南海トラフ地震をテーマとした回です。
　DIGで行うことは、地図から「災害の物語」を読み解き、地図を前に「防災の物語」を語り継ぐことです。①過去には被害の発生をどう予防したのか、②予防しきれなかった被害の拡大を私たちはこれからどう防ぐのか、そして③遭ってしまった被害から、いかにして日常を取り戻すか。そこまで考えることが、防災を学ぶことの意味なのです。

ワークショップDIG参加ルポ

→津波防災まちづくりとDIG

- -

地図を使った防災ワークショップ

　会場には長机を組み合わせた広いテーブルがいくつも用意されていました。そこに広げられていたのは、Ａ３用紙16枚をつなぎ合わせてつくった大きな紙。縮尺1/1000に拡大された静岡県静岡市のJR清水駅周辺の地図でした。地図には透明フィルムがかぶせられ、12色セットの油性マジックなどが用意されています。ひとつのテーブルに６人ほどが着席しています。

　この日のテーマは、「南海トラフ地震が想定される地域における津波防災まちづくり」です。小村さんのお話から、ワークショップが始まりました。

被害を正しくイメージしよう！

　「最低限度の知識や情報がなければ、想像力も正しくは働きません」

　小村さんがまず強調したのが、被害イメージをもつことの重要性です。

REPORT

　南海トラフ地震についても、参加者が被害の感覚をつかめるように「阪神淡路大震災と東日本大震災の悪い所取り」という表現をあえて使って、説明しました。そして、この二つの災害の甚大さを思い出すため、動画共有サイト上の映像を紹介しました。

阪神・淡路大震災と東日本震災、そして

　まずは阪神淡路大震災。小村さんは、兵庫県神戸市の地元テレビ局サンテレビが提供している映像を流しました。「サンテレビ」「阪神淡路大震災」などのキーワードで検索できます。

DIGワークショップ場面　　　　　　静岡県地震防災センター提供

　着の身着のまま路上に出た住民、人を閉じ込めたまま倒壊した家屋、空襲後のようにあちこちで煙が上がる空やサイレンの音……。震度6強や震度7の揺れが何をもたらすのかが、ありありと伝わってきます。

　二つ目の映像は、東日本大震災です。「JNNアーカイブ」「釜石市」「東日本大震災」で検索できます。

　岩手県釜石市の海辺のビル上層階から撮影されたもので、津波が防潮堤を越えてからものすごい破壊力で沿岸部をのみ込んでいく様子を映し出します。「恐ろしい光景です！」というレポーターの絶叫は、参加者の心の声を代弁するかのようでした。

　この映像の冒頭には、「いま時刻、15時20分です」というレポーターの言葉も収められていて、津波襲来は、発災

「JNNアーカイブ311あの日の記録［3.11］巨大な津波が防潮堤を乗り越える岩手・釜石市」より

REPORT

から30分後であったことがわかります。小村さんは、高台に避難できた人も映像に映っていたこともふまえ、揺れ始めてから津波が来るまでのあいだの時間に注目するよう参加者に促しました。

理解すべき現実を把握

映像に続いて、参加者が取り組んだのが、「支援される側」と「支援する側」のバランス調査です。

南海トラフ地震の想定震度が書かれた日本地図と、都道府県別人口の資料をつかって、おおよその人数を計算しました。支援される側は、震度6強から7の揺れを受ける場所に住む人口。支援する側は、陸上自衛隊員数です。結果、支援する側が圧倒的に少ないことがわかりました。

想像以上に支援が望めない現実を突きつけられてショックな表情の参加者に、小村さんはこう呼びかけました。

「この現実を理解してください。そして、地図から何が読み解けるでしょうか。静岡は（地震と津波の）ダブルパンチですよ。さあ、どうする？」

ここで前半の終了です。

休憩を挟んで、後半はどんなワークが待っているでしょうか。

ワークショップDIG参加ルポ 後半

→ **逃げられない災害への、備えのゴールは何か**

これからできること

　後半は、「南海トラフ地震まで、残された時間は10年」という事実を受け、小村さんの問いからスタートしました。

　「海辺にいて大きく長い揺れを感じたら私も避難します。でも、10年の時間があるなら、取り組むべきは、避難しなくてもすむまちづくりではないですか」

　津波への備えとして、まっさきに避難訓練を考える人が多いかもしれません。参加者の顔にも戸惑いの表情が見られました。

　小村さんは、「入院患者を置いて逃げられない」と言って犠牲になった医療従事者の話を紹介しました。社会には病気の人や、高齢の人、障害のある人など「避難できない人」がいて、また、そのような人たちをお世話している人もいます。

　「みんながいっしょに助かるには、病院や社会福祉施設、さらには学校や行政といった拠点を、安全な場所に建てなければならないはずです。そのような理想の状態を頭の中に描きつつ、現実の地図を見てほしい」と小村さんは話しました。

標高と地形を確認。重要施設はどこに？

　ここからはいよいよ、テーブルに広げた地図を使ったワークです。最初の作業は、地図上のさまざまな地点への標高の書き込みです。

　標高は、国土地理院のサイト「地理院地図」を使うとピンポイントで確認することができます。たとえば、清水駅は2メートル、という具合です。

　駅や区役所などの標高がどんどん書き込まれていきます。しだいに、同じチームになった参加者同士の会話も盛り上がってきました。

　「ここ7.5メートル、意外と高いね」「こっちの低いところ、病院を建てる話が出てますよね」「えー？　だいじょうぶ!?」

　ふだんは何気なく通っている主要道路も、交差点を境に高低が変化することがわかり、参加者は夢中で地図に目を凝らしていました。

　標高がわかり、地形がイメージできるようになったところで、赤と黄色の2色のテープでラインを引いていくことになりました。赤色は、「ここから下の標高のエリアには家を建てるな」というライン。黄色は、「選べるならここより高いところに住みたい」のラインです。

　「グループ内で話し合ったうえで、地図上にラインを引いてみてください」と小村さんが指示を出し、参加者はさかんに意見を出し合い始めました。たとえば、「赤は標高2

メートルでラインを引こう」「黄色は標高6メートルがいい
かな」といった声が聞こえます。

　しかし、完全に安全な標高というのはありません。高け
れば高いほど安心度は高まりますが、住めるエリアが限ら
れてしまいます。考えあぐねている参加者も少なくありま
せんでした。

　たとえば、国土交通省は、各地域の最大津波高を発表し
ていますが、あくまでも参考値です。

　そこに出ていた津波の高さは、このエリアをのみ込んで
しまう大きさです。しかし、その標高以下を外してしまう
と、ここには住めなくなってしまいます。参加者たちは意
見を交わしながら、正解のない答えを何とかまとめてテー
プを貼っていきました。

「住んでもいい場所をこの標高で区切ると、清水区役所は

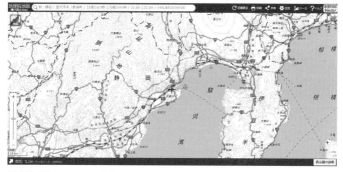

国土地理院のサイト。中央の＋印に調べたい地点を重ねると、左下に標高が表示
される

逃げようがない場所に入りますね」「この、お年寄りがいる施設、どうなるのでしょうか」

　参加者の議論はその後も続き、まとめのワークで感想を話し合う時も、話は尽きない様子でした。

　ワークショップの終わりに、小村さんは、このエリアが「津波避難が物理的に不可能なまち」であることを強調し、「残された時間を使って、重要施設の移転などを行い、津波に耐えられるまちへと改善していくのが正しい方向なのではないでしょうか」と訴えました。避難しなくてもすむ「災害に強いまち」づくりが必要、というお話に、今度は参加者たちも深くうなずいていました。

　この日の参加者には、高校生も数人含まれていて、小村さんは、最後にこう呼びかけました。「重要施設が安全な場所にあれば、避難しなくてもすみます。そうした〈まちづくり〉に取り組める大人になってほしい。そして、せめて自分と将来の家族は守れるようになってほしい。そのために、しっかり学び、しっかり稼ぎ、安全な場所に丈夫な家をもつことができる大人になってほしいです」

　参加していた高校3年生の女子は、「今日は自分の地域の状況がよくわかりました。私にできる10年の過ごし方を考えたい。家族にも今日の話を伝えたいと思います」と話していました。

2章 災害はどうやって起こる？

03 地震と津波を知ろう

メカニズムを知ると対策が見える

地震が起こる仕組み

　地震は、岩盤がずれる断層活動によって起こります。岩盤と岩盤がずれるとあいだにひずみができ、そこにエネルギーが溜まります。ひずみは、エネルギーが限界に達して放出されると元に戻ります。

　この時、地面の深いところで岩石が破壊されます。破壊で発生した振動が地中を通って伝わっていき、地表に現れた時に地上にあるものを揺らします。それが地震です。

　岩盤のずれは少しずつ続いているので、一度地震が起きてひずみがなくなったとしても、ひずみのエネルギーは再び溜まっていき、限界までくると放出され、つぎの地震が発生します。

地震の源は
地球内部のエネルギー

　では、そもそもなぜ、岩盤がずれるといった力が地下にかかっているのでしょうか。それは、地球の構造に関係しています。

　地球の地下は層状になっています。もっとも深い中心は核と呼ばれ、その外側にマントル、さらに外側に地殻と呼ばれる部分があります。このうち、マントルの地殻に近い部分は板状の岩盤になっていて、プレートと呼ばれています。

　マントルは地球の中で対流しています。プレートはそのマントルの上にのっているため、マントルの動きに合わせて、少しずつ動いています。このため、プレートとプレートがぶつかったり、一方が一方の下に沈んだりする現象が起こります。

　ここまで理解するとわかる通り、プレートが接する場所が多いエリアほど、地震が多発すると考えられます。実際に、複数のプレートが接する場所に位置している日本は、世界でも有数の地震国となっています。

　ちなみに、防災を知る！①でもすでに紹介した南海トラフ地震のトラフとは、「海溝よりは浅くて幅の広い、海底にある溝状の地形」(気象庁)のことです。日本には南海トラフと相模トラフがあり、南海トラフは、フィリピン海プレートがユーラシアプレートの下にもぐり込んで形成されたものです。

種類によって特徴も

　地震は、三つに分類できます。海溝型の巨大地震と、内陸直下の地震、そして、沈み込むプレート(海洋プレート)の中が割れて起きる地震です。

　このうち、海溝型は、陸側のプレートと海側のプレートのあいだでの大規模な断層運動によって発生するため、巨大地震となり、広範囲に被害をおよぼすことが多いと言われています。内陸直下は、内陸の活断層によって引き起こされるものです。震源が浅いため局所的な傾向がありますが、大きな被害も予想されています。

　地震の大きさを表す値に、震度とマグニチュード(M)があります。震度は、人が揺れを感じる強さです。気象庁が発表する震度は、10段階あります。０から７までなのですが、5と6は、さらにそれぞれ強と弱に分けられているため、10段階です。

　マグニチュードは、地震のエネルギーの規模です。1923年の関東大震災はM7.9、2011年の東日本大震災はM9.0でした。マグニチュードが1.0上がると、エネルギーは約30倍に跳ね上がります。巨大地震と呼ばれているのは、M7.8以上です。

ジェット機並みの速さで
伝わる津波

　津波は、潮の満ち引き以外、気象条件以外の自然現象によって起きる波動です。原因としてもっともよく知られているのは地震ですが、その他の原因で発生することもあります。

2
章

　地震による津波、地震津波は、断層運動によって海底地形が動くことで起こります。地中の振動が地表に達して地上の地震につながるように、海底の振動が海水を伝わり海面が上下することで津波が起こります。

　地震によらない津波、非地震性津波は、たとえば火山噴火や斜面崩壊などで起こります。非地震性津波は予測が難しく、気象庁が現在発表している津波警報・注意報は地震津波のみとなっています。

　津波は、時速800キロメートルのジェット機に匹敵する速さで伝わります。何波も襲来するため、避難解除の情報が入るまで絶対に避難を続けます。津波のエネルギーは湾の奥で高くなるので、要注意です。また、津波は川を遡上するため、内陸部であっても流域は対策が不可欠です。

「日本付近のプレート模式図」
（気象庁ホームページより）

「津波の発生のメカニズム」
（気象庁ホームページより）

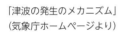

04 気象災害・風水害を知ろう

気象によってもたらされる風水害

強い熱帯低気圧が台風

　風水災害をもたらす気象現象といえば台風、と言いたくなるほど、台風は日本で多くの災害を発生させています。

　台風のもとは、赤道付近の温かい海水です。これが蒸発して積乱雲になり、たくさん集まると回転を始めて熱帯低気圧になります。熱帯低気圧の中心には強い風が吹いていて、この風の速さが17.2メートル／秒を超えると、名称が台風に変わります。

「台風の経路図の例」（気象庁ホームページより）

　台風の風は中心ほど強くなっています。その風速は10分間の平均風速を基準に発表されていて、瞬間的に吹きつける突風は、平均風速の3倍にも達することがあります。また、風が物を押す力（風圧）は、この風速の２乗に比例します。つまり、風速が２倍であれば、風圧は4倍です。加えて、積乱雲の中で、空気の上への流れ（上昇気流）と下への流れ（下降気流）が発生し、竜巻も起こります。このように、風だけで大きな脅威になります。

　台風は、単体でも強い雨を降らせますが、周辺の気流と影響し合うとさらに威力が増します。近くに水蒸気の補給源となる気流があればあるほど、雨の強さがより強くなるからです。たとえば、暖かい気流が東側に発達したり、日本列島に前線が停滞していたりする時などがそうです。台風の上陸時間や進路だけでなく、周囲の気圧配置にも注意が必要です。

現代の街を襲う異常気象

　近年は、さまざまな異常気象が災害を引き起こすようになっています。異常気象の大きな原因は、二酸化炭素に代表される温室効果ガスの増加だと言われています。温室効果ガスは、太陽からの熱を逃がさない効果をもつ気体です。これによって温暖化が進み、極端な高温、極端な大雨といった異常気象を引き起こしています。

　世界の気候に作用している異常気象に、海水温の変化で

ある、エルニーニョ現象やラニーニャ現象があります。エルニーニョ現象は海水温が高く、ラニーニャ現象は低くなる現象で、起こる場所は太平洋東部の赤道に近いエリアです。

　地球の裏側の現象ですが、日本も影響を受けています。たとえば、エルニーニョ現象が発生すると、東日本と西日本で暖冬になるなどの傾向がみられています。また、海水温が変化すると大気の流れが変わるため、気圧配置も変化すると言われています。

　地球温暖化に加え、大都市で集中的に発生した熱も気象に影響しています。この熱によって上昇気流が発生し、局地的で予測の難しい豪雨も増えてきました。ゲリラ豪雨と呼ばれる現象です。気象庁では、「急に強く降り、数十分の短時間に狭い範囲に数十mm程度の雨量をもたらす雨」という定義をして、局地的大雨と表現しています。

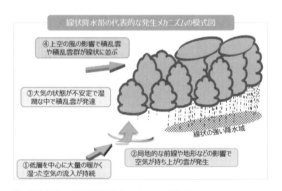

「線状降水帯の図」（気象庁ホームページより）

　豪雨をもたらす気象として、近年よく耳にするように
なった言葉に線状降水帯があります。これは、積乱雲がで
きたあとに下からつぎつぎに積乱雲が生まれて、まるでビ
ルのように高くそびえる雲ができ、それが帯のように連な
る現象です。2010年代に入って以降、たびたび発生して
豪雨の原因になっています。

日本の国土に見られる特徴

　日本が受ける風水害としてそのほかに心配されるのが高
潮です。高潮は、台風や熱帯低気圧によって引き起こされ
ます。台風であれば、中心付近の気圧が低いことで海面を
吸い上げる作用をしたり、海水を陸地側に吹き寄せたりす
る力を発揮して高潮を起こします。

　日本は海に囲まれているため、高潮の被害を受けやすい
環境にあります。海抜が低いほど被害が大きくなると予測
されますが、こうしたエリアは東京湾や大阪湾に代表され
るように人口が集中しています。

　また都市部では、都市災害にも注意が必要です。そのひ
とつが、内水氾濫です。これは、雨の量が、下水道や排水
施設の処理限度を超えてしまい、水があふれ出てきて起こ
ります。堤防が壊れたことなどで起こる従来の洪水は、外
からの水が流れ込む外水氾濫と呼ばれます。一方の内水氾
濫は、都市部の大部分が舗装されて雨水が地中に浸透しに
くくなったことで起きやすくなっています。

05 土砂災害を知ろう

！ 山と雨が豊富な日本で発生しやすい

土砂災害の分類

　土砂災害は、土砂によって被害を受ける災害で、いくつかに分類することができます。

　まず、土石流。土砂と水がいっしょになって勢いよく流れ出る現象です。川や海でも、水の流れが土や砂を運ぶことはありますが、土石流は、通常よりも多くの土砂を含んで流れ出て、岩や木も巻き込みながら流域を襲います。山鳴りのような、ふだんは耳にすることのない音が聞こえたり、腐敗臭のようなにおいがしたりしたら、前兆といわれます。

　がけ崩れと地すべりも代表的な土砂災害です。似ていますが、勾配30度以上ががけ崩れ、未満が地すべりと区別します。がけ崩れは突発的で勢いよく発生して土壌がボロボロに崩れる一方、地すべりは地面に亀裂が入ってから徐々に土壌がすべり、土砂の一部は原型を留めます。兆候は、共通するものも多く、いずれも斜面に割れ目が出てきたり、水が湧き出たりします。がけ崩れの場合は、木の根が切れるような音がし、地すべりの場合は、建物に亀裂が入るというような特徴もあります。

日本は土砂災害が
起こりやすい地形

2章

　日本は約７割が山地です。台風などによる豪雨もたびたび起こり、年平均降水量は世界平均の約２倍に達します。また、活火山は111あり世界有数。地震も多く、日本には世界の大きな地震（マグニチュード8.0以上）の約２割が集中しています。日本には土砂災害が発生しやすい条件がたくさんあるのです。

　国土交通省によると、土砂災害の1982年から2022年までの年平均件数は1099件でした。平成30年7月豪雨（西日本豪雨災害）や北海道胆振東部地震などが発生した2018年は過去最多の3459件に上りました。翌年2019年も1996件で、そのうち、台風19号襲来時に952件の土砂災害が発生し、台風の影響による土砂災害としては過去最多となりました。

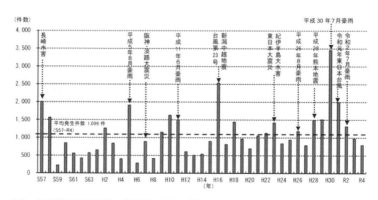

出典：「土砂災害発生件数の推移」（国土交通省）
https://www.mlit.go.jp/report/press/sabo02_hh_000138.html

広範囲・大規模な火災を知ろう

! 自然災害でないからこその対策も

火を消すための基本

　火災は、燃焼による災害です。燃焼は、可燃物のまわりに酸素があり、そこに熱があれば発生します。この可燃物、酸素、熱を燃焼の三要素と言います。燃焼の三要素のうち、どれかひとつでも取り除けば燃焼を止めることができます。そこで、燃えているものを取り除く、酸素を絶つ、温度を下げる、という三つのアプローチが消火活動の基本になっています。

　火災の発生は、減少傾向にあります。そして、自然現象よりも、人為的な行為が重なって起こるものが多数を占めます。総務省消防庁によると、出火原因は、たばこ、たき火、こんろがトップ3で、放火も上位にあります。

広範囲・大規模な火災の数々

　数が少ないとはいえ自然現象に影響を受けた火災は、大規模かつ広範囲に影響がおよぶため、決して軽視できません。地震火災はそのよい例です。関東大震災では、地震発生直後に火の手が上がり、それが倒壊した家屋にどんどん燃え移って約44万7000棟が全焼しました。

林野火災、森林火災も同様です。降水量が少なく空気が
乾燥した地域で起こりやすく、消火も難しいため、該当す
る地域ではたびたび被害を出しています。たとえば、
2019年から2020年にかけてオーストラリアで起こった
森林火災では、焼失範囲がポルトガルの国土面積を超えた
と言われています。

　はじめは小規模な住宅火災であっても、広域な火災につ
ながることがあります。風が強く、火が瞬く間に燃え移り
延焼を止められないケースなどです。近年では、2016年
に新潟県糸魚川市で発生しました。この時は、ラーメン店
で大型こんろの消し忘れが原因で出火し、フェーン現象と

出典：「糸魚川市の被災状況（糸
魚川市消防本部提供の写真を
使った平成29年版消防白書）」
https://www.fdma.go.jp/
publication/hakusho/h29/
topics2/46070.html

いう気象状況の影響で強い南風が吹いたことで、大量の燃えさしや火の粉が広く拡散し、約150棟が焼損しました。

　また、広域火災につながらなくても、深刻な被害をもたらす火災もあります。たとえば、たくさんの人びとが集う、大きな建物で起こる火災です。日本では、ホテル、デパート、工場などで、ときに100人を超える数の多くの犠牲者を出してきました。

　建物火災には、貴重な歴史的建物での火災もあります。記憶に新しいのが、沖縄県那覇市の世界遺産・首里城跡に立つ首里城の火災です。2019年10月31日未明に出火したこの火災では、正殿を含む9施設が焼失するなどしました。

　この年の4月には、同じく世界遺産であるフランス・パリのノートルダム大聖堂で火災が起きました。主要部の構造は焼失を免れましたが、尖塔と屋根が炎に包まれて崩落しました。リアルタイムで拡散されたそうした映像は、世界中にショックを与えました。

首里城火災で炎上する正殿（首里城
復興へのあゆみホームページより）
国営沖縄記念公園（首里城公園）提供

できる対策で備えをしっかりと

　火災はほかの災害と比べて、対策を立てたり、実行したりしやすい災害です。実際に、消防法の改正など、長年にわたって具体的な対策が取られてきました。防火や消火に適した都市設計のほか、たとえば住宅火災に対しては、火災をいち早く見つける住宅用火災警報器の設置義務づけが強化されています。

　地震火災でも各自の対策が重視されています。なかでも、過去の地震からあきらかになっているのは、家電製品が出火源になることです。停電の復旧時に起こる通電火災や、そのほか電気が関係して起こる電気火災です。家電製品を使用しない時や停電した時には、電源プラグをコンセントから抜くよう呼びかけられています。

　建物火災については、建物の関係者が、基準に沿って適切に消防用設備を設置することなどが消防法で定められています。消防用設備とは、火災を知らせる自動火災報知設備や、スプリンクラー設備などです。設置率は現在、両方ともほぼ100パーセントになっています。

　また、同じく消防法に基づき、一定の規模の建築物においては、自衛消防組織の設置が義務づけられています。初期段階の消火活動を行うなど、被害を最小限にとどめるための業務が決められています。

2章

07 大きな地震や豪雨災害の記憶

！過去の自然災害から見えてくること

災害の被害を知り教訓とする

　日本は自然災害大国といわれるほど、大きな地震や豪雨災害にたびたび見舞われています。将来の防災に活かすために、過去の災害の被害を知り、教訓を記憶することは非常に有益です。

　過去30年ほどの期間に発生した主要な災害を時系列順にあげる時、最初に名前が出るのが、1995年1月17日の阪神・淡路大震災です。明け方に発災し、犠牲者は6434人に上りました。引き金は、都市直下にあった活断層が揺れた兵庫県南部地震です。地震の規模はマグニチュード7.3。つぎつぎに建物が倒壊し、ライフラインが断絶したほか、広域火災や地盤の液状化など、さまざまな災害が立て続けに発生しました。

　この大震災で注目されたのは、死者の8割以上が同じ死因——圧死や窒息死だったことです。発災時刻が日の出前だったことも影響してか、多くの人が倒壊した建物の下敷きに、もしくは家具の下敷きになって命を落としました。このことから、建物の耐震強化に加えて、屋内の家具固定が叫ばれるようになりました。

功を奏した防災計画と
住民の行動力

　火山噴火のなかでは、2000年3月の北海道・有珠山噴火が、効果的な対策が実践できた事例として語られています。この災害では、火口が約70個も開くなど噴火が断続的に続き、大量の噴石や熱泥流が街をのみ込みました。ただし、死傷者はゼロ。噴火予知である緊急火山情報が気象庁から事前に発表され、発災時には住民の避難がすべて終わっていたからです。

　避難がうまくいった理由は、情報が出された場合に備えて地元自治体が取り決めていた有珠山火山防災マップや、それを活用した避難指示、そして住民の迅速な行動です。気象庁からの予知情報だけで命が救えるわけではなく、それを踏まえた事前の計画や訓練が必要だということを明確に物語っています。

有珠山噴火の様子
出典：北海道オープンデータ　CC-BY4.0

　2004年10月23日の新潟県中越地震も記憶に残る災害です。関連死も含め死者は68人。マグニチュード6.8と大型で、建物倒壊やインフラ断絶が発生するなど阪神・淡路大震災と似ている面もあります。特徴的だったのは、被災したのが大都市ではなく中小都市や山間部だったことです。

　一般的に、山間地は過疎化が進み、高齢者など自力での移動が困難な住民が多くいます。また道路の寸断によって地域全体が孤立しやすく、救助や援助の手が届きにくいという状況にもなります。日本は高齢化しており、国土も約7割が山地です。同じような課題を全国の中山間地がかかえていることから、対策に一層注目が集まりました。

来るべき大きな災害への備えを

　そして、数百年に一度の災害と言われているのが2011年3月11日に発生した東日本大震災です。マグニチュード9.0という未曽有の超巨大地震が、津波や、原子力発電所事故などを引き起こしました。犠牲者は、行方不明者や震災関連死者も含めると約2万2000人。他の災害と比べて、桁違いの被害が出ました。

　東北地方太平洋沖地震と名づけられたこの地震が、ここまで大きな規模となったのは、それまでに地震発生が見込まれていた震源域でつぎつぎに断層破壊が起こったことが影響しています。破壊された断層のエリアは、南北に約500キロメートル、東西にも約200キロメートルにわたっていました。

2章

　浮き彫りになった課題は、あまりにも多岐にわたります。沿岸部の津波対策から避難所の環境整備まで、各地の防災・備えの改善が必要だといわれるようになりました。それに加えて、政府の危機管理のあり方、具体的に言えば、原子力発電を維持するかどうかといった電力政策など、国全体で考えるべき課題をいっきに突きつけました。

　このほか、台風などによる豪雨が毎年のように国土を襲い、犠牲者を出しています。そして、南海トラフ巨大地震、首都直下型地震といった巨大災害の発生がほぼ確実視され、発災までのカウントダウンが始まっていると言われています。日々の災害に対応しつつ、近い将来の大きな災害に向けて対策を強化しなければいけない時期にきています。

阪神・淡路大震災の様子。高速道路も倒壊した
出典：被災局サンテレビの記録 阪神淡路大震災 The Great Hanshin-Awaji Earthquake

08 災害としての感染症

感染症や伝染病と人類

2019年12月に中国で発生し、瞬く間に世界中に広がった新型コロナウイルス感染症は、感染症や伝染病の世界的な大流行が、災害であることをあらためて示しました。身を守るために対策をしなくてはならないのは、自然災害に対してだけではありません。

2020年1月16日、日本でも最初の感染者が確認され、その数はどんどん増えていきました。世界で感染者数・死者数が劇的に増加し、世界保健機関（WHO）は3月12日にパンデミックを宣言しました。

各国で対応が分かれましたが、日本政府は、4月7日に7都府県に対して緊急事態宣言を出しました（16日に全国に拡大）。これにより、各都道府県知事が、住民に外出自粛を要請したり、学校などの使用停止を要請・指示したりしました。

未知の病気の大流行は、およそ100年前にもありました。スペイン風邪で、世界で5億人が感染したとも推定されています。はじまりは1918年3月の米国です。現在と比べると、当時は国境を越えた移動がそれほど多くなく、伝播の可能性も少なかったと考えられます。ただ、当時は第一次世界大戦のさなかで、米国が兵士をヨーロッパの戦

線に送ったことなどから、広い地域で感染者を出したと指摘されています。

効果的な防止策はまだ道半ば

　感染症や伝染病の大流行は、短期間に多くの死者を出すリスクの高い災害です。これらの病気が生まれるメカニズムは、完全には解明されていません。できることと言えば、発生したあとにそれ以上の蔓延を防ぐことです。

　感染の仕組みが不明な初期は特に、人との接触を避けるのがもっとも効果的な対処方法だと言われています。ただし、接触回避は、尊重しなければならない人権を制限することにもなりかねないなど、問題もあります。

　たとえば、子どもの学ぶ権利はどうでしょう。その子どものその年齢での学びの時間は二度と戻ってこない、という切実な事情がある中で、効果がまだ確実にわかっていない学校一斉休校が妥当かどうか。先程、各国で対応が分かれたと紹介しましたが、政府によってこうした問題への向き合い方に違いがあったのです。日本でも議論を続けていくべき課題となっています。

3 章 家での「自分の防災」デザイン

自主 DIG ワーク
（おうち編）

自分流にカスタマイズ！

　ここからは、いよいよ、「あなたにとっての防災」がテーマです。1章で、災害のリスクに真剣に向き合う大切さ、2章では、災害リスクの種類やそのメカニズムを見てきました。これらを思い出しながら、防災をカスタマイズしてみましょう。この本の冒頭で紹介した通り、オーダーメードの防災計画をつくるイメージです。

　最初のフォーカスは、あなたの「家」。家での防災デザインです。つぎの三つのワークをしてみましょう。自分の、自分による、自分のためのDIGです。

ワーク1

　あなたの家がある場所には、地理的にどんな災害リスクがありますか。深刻なものから順位をつけてみてください。そして、避難所はどこでしょうか。

ワーク2

　あなたが家にいる時を想像して、時間帯ごとに、どの部屋に、どんな活動のためにいるか表にまとめてみてください。

ワーク3

　それぞれの起こり得る災害に、どんな備えができるか、

ワーク2の表を参考にして考えてみましょう。

ワーク１のためのヒント

　災害リスクを知るには、自治体が作成公開しているハザードマップが役立ちます。地震や風水害については、気象庁などのさらに広域の情報を参考にすることも有効です。順位をつけるのが難しいと感じた場合は、どのような災害が起こりそうか、リストアップするだけでも役立ちます。

　ハザードマップ上で、指定されている避難所への道のりを目で追ってみましょう。その途中に、がけ崩れや水没の危険がある箇所はないでしょうか。もしあれば、遠回りしても安全なルートを選ぶ必要が出てきます。

ワーク２のためのヒント

　家の中で災害に遭った場合は特に、時間帯や、いる場所、その時の体勢が被害を左右します。たとえば、災害は体をすぐに自由に動かせる日中に起こるとは限りません。寝ている時にも起こり得ます。一般的に、一日のうち３分の１の時間は睡眠といわれています。「就寝時」の備えにもしっかり考えを巡らせておく必要があります。

　眠っている時に地震が起こったらどうでしょう。尖った形状で落ちてくるものがあったら。タンスなど倒れてくるもの

があったら。自分がふだん寝ている部屋をしっかりと観察したら、目を閉じて想像してみてください。きっと被害の状況や、備えとしてやるべきことが見えてくるはずです。

ワーク3のためのヒント

　参考になる情報をもっと集めてみましょう。書籍やオンラインで紹介されているものもあります。量の多さに圧倒されたり、少々面倒だと思ったりするかもしれません。でも、すべてを熟読する必要はありません。

　大切なのは、自分にとって必要な情報を集めること。情報のピックアップは大人でも簡単ではないので、おおまかでもよいのです。コツは、①リスクが高い災害から、②自分の生活環境を考慮して。これを基準にやってみましょう。

　ワークをしてみた感想はどうでしょう。このワークに正解はありません。まずは、できる範囲で取り組んでみることがとても大切です。そして、一人暮らしが始まった、引っ越した、など生活のステージが変化するたびに、取り組んでみましょう。

　それによって「あなたの防災計画」は精度が高まり、より自分にぴったりの内容で形でアップデートされていくでしょう。情報を簡単に大量に得られる時代だからこそ、情報を適切に選び出せるようになれば、あなたの防災はより充実していくはずです。

家具等の転倒防止対策

　動画を活用することで、災害をリアルに疑似体験することができます。その危機感をもって対策を考えると、成果も違ってくるのではないでしょうか。

　平成21年度　防災学習ＤＶＤビデオ『ふせごう―家具等の転倒防止対策―』はその一例です。家具の転倒は、阪神・淡路大震災で多数の死者を出した圧死の引き金のひとつですが、ビデオの実験映像は、それがどれほど危険なのかを息をのむリアルさで教えてくれます。

平成21年度　防災学習ＤＶＤビデオ『ふせごう―家具等の転倒防止対策―』https://www.fdma.go.jp/publication/database/database004.htmlより作成

平常時、そして
発災前の備え

! 防災のカギは平常時にあり！

発災時を想定して
さあ、どうする？

　災害から身を守るためには、平常時にどこまで備えを進めておくかが重要になります。この本を読み進めてきたあなたなら、すでにお気付きの通り、災害が起こってからできることは限られています。

　48ページ自主DIGワーク（おうち編）では、自宅での災害リスクを客観的に調べてみました。そして、それぞれのリスクに対応するために、どんなことができるかを考えてみたことと思います。

　ここでは、そのなかでも平常時にすませておける対策を整理してみましょう。災害時を具体的にイメージしやすいように「発災時」「発災後」に分けて考えてみます。あくまでも目安ですので、あなたが整理した自分の災害リスクに応じて、必要な対策の参考にしてください。

　まず、発災時のための対策です。具体的に、地震と水害を例にあげてみます。

　意外に思われるかもしれませんが、地震だけでは人はほとんど傷つきません。人がけがをしたり命を落としたりするのは、地震そのものではなく、落ちてきたり、飛んでき

たりするモノが原因です。危険なモノは可能な限り減らすか、動かないように固定しましょう。

　タンスなどの家具はもちろん、近年では天井近くの高さまであるつくりつけの飾り棚に、たくさんの本などモノを並べている家もあります。壁に掛けられた額や時計、天井からぶら下がった照明器具も注意が必要です。横から飛んできて、けがをする可能性があります。

　すべてに対処しておくのは難しいかもしれません。その場合のお勧めは、①寝室の対策を優先する、②家の中の避難場所を決めておく、です。

　寝室は、逃げられないことを前提に安全な環境にしておくことが必須です。レイアウトを変えるだけでも効果的です。一方で、日中であれば瞬時に身を動かすこともできそうです。そこで、「ここであれば、上からも横からもモノが飛んでこない」と思われる「家の緊急避難場所」を用意し

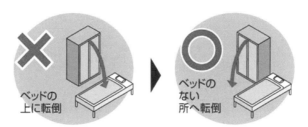

家具のレイアウトの見直し例
出典：東京消防庁ホームページ　https://www.tfd.metro.tokyo.
lg.jp/hp-bousaika/kaguten/measures_house.html

3章

ておくのです。ガラス窓の周辺は、揺れや飛んできたモノによってガラスが割れ、破片が飛んでくる可能性があるので、窓から離れた場所がよいでしょう。

　水害はどうでしょうか。このあと紹介しますが、水害から身を守る基本はライフジャケットの着用です。そこで、すぐに取り出せる場所にライフジャケットを用意しておくことが大事になってきます。「すぐに」が重要なポイントです。身近な場所に置いておきましょう。

発災後に確認すること

　つぎに、発災後の備えです。まず、インフラが被害を受けている可能性があります。家の中の電気、ガス、水道……。これらが止まっていたら、地域一帯も同様と考えられます。そして、建物や道路に被害が出ていると物流も滞ってしまい、特に食料を新たに手に入れることが困難になるかもしれません。

　そこでインフラや食料供給がストップしてしまった場合に備えて、これらの備蓄が必要になります。電気関連で優先度の高いものは、携帯電話の予備バッテリー、太陽光パワーで発光するランプなど。ガス関連では調理に使うカセットコンロが必需品です。水関連では、お風呂の残り湯をつぎのお風呂の時間まで捨てずにためておくことも有効です。雨水などを浄化する機材や簡易キットも市販されています。

食料の備蓄には、水も含まれます。飲み水は一人につき一日3リットルは必要です。食料も合わせて、これまで「3〜4日分」が推奨されてきましたが、すでに紹介した通り南海トラフ地震では、被害が甚大で、かつ非常に広い地域におよぶと予想されるため、救助や支援を受けられるまでより時間がかかると言われています。そこで、備蓄は1週間以上が望ましいという指摘も出ています。

これらの対策のためには、一定程度のお金がかかります。ただ、食料などはローリングストックといって、順次、平常時の食料に回していくという方法もあります。できるところから進めていきましょう。

そして、発災後もし自宅にいられない状態になったら、安全な場所に避難することになります。そこで事前に非常用持ち出しバッグに必要なグッズを入れて準備しておくことが大事です。持ち出しバッグの関連情報はたくさんあります。92ページの災害の「備え」チェックリストも参考にしてください。必要なものは人によって異なりますので、自分なりのアレンジを考えてみましょう。

事前にできることはまだまだありますが、いったんここまで。つぎの11発災の直前の備えでも、状況ごとに必要な対策を紹介していきます。

3章

11 発災の直前の備え

科学技術の発達により災害を察知

　災害への対策で知っておいてほしいことは、発災時にはできることは限られるということです。しかし、災害の多くは、科学技術の発達にともなって、被害が発生する危険を、ある程度事前に察知することができるようになっています。

　もっとも時間の余裕をもって知ることができるのが、気象に影響を受ける災害です。台風や大雨などの水害、それにともなう土砂災害などです。火山噴火も予知が可能です。地震は数百年単位の発生予想のほかに、直前の予報が出されています。

　天気予報も含めた身を守るための情報を、防災情報と言います。情報の発信側は、精度向上や発信のスピードアップのために努力を続けています。

　防災情報を上手に活用できれば、被害を回避したり、やわらげたりすることができます。これらの情報は主にインターネットで無料公開されているため、ほとんどコストがかかりません。災害時の行動を的確に判断するために、しっかりと利用しましょう。

　ただ、気象は気象庁、地域の被害状況は各地方公共団体というふうに、発信元がたくさんあります。限られた時間

でチェックしていくのは簡単ではありません。

　そこで、必要な情報を集約している「ポータルサイト」の利用がお勧めです。なかでも、国土交通省が設置している「防災ポータル」は、とてもわかりやすいと好評です。自分の住む場所や学校があるエリアなどに関係する情報を、見出しを頼りにクリックしていくことで探し当てられます。

　たとえば、台風が接近して大雨が降り続けている時、家の近くの小川がどうなっているのか知りたいとします。まず、「災害時、見てほしい情報」＞「気象状況」＞「川の防災情報」＞「川の水位情報」の順にクリックして進み、出てきた日本地図を自分の地域に合わせて拡大してみましょう。水位情報のほか、河川カメラで撮影されたほぼリアルタイムの画像も表示されます。

　風雨の中、田畑の様子を見に行った人が、そばの用水路に落ちて亡くなるケースが毎年のように起きています。事前に水位を知っていたら、防げる死かもしれません。「防災ポータル」は多言語発信しているので、身近に日本語が不得意な方がいたらぜひ伝えてください。

3
章

「防災ポータル」（国土交通省）　https://www.mlit.go.jp/river/bousai/olympic/helpful02/index.html

12 防災情報で判断する

発災を見越して出される 情報を入手

　防災情報はたくさんあります。実際に活かしていくため、事前に整理しておきましょう。防災情報には、大雨、土砂災害、高波など、いくつもの種類の災害が含まれますし、段階によってさまざまな表現が使われます。

　気象庁では、対象となる現象や災害によって、特別警報6種、警報7種、注意報16種、早期注意情報(警報級の可能性)5種が使い分けられています。たとえば雨を想定してみましょう。もっとも初期の情報は、早期注意情報です。翌日もしくは数日後に発災の可能性がある時に出されます。その可能性が半日後や数時間後に迫っていると予想されたら、注意報(災害が起こるおそれあり)、さらに切迫してくると警報(重大な災害が起こるおそれあり)、特別警報(数十年に一度しかないような非常に危険な状況)が出されることがあります。

　これらは発災を見越して出される情報ですので、実際に雨が降っていなかったり、暴風や高潮が発生していなかったりする状況でも、発表されることがあります。避難行動に役立ててもらうため、防災機関や住民に情報が伝わる時

間をある程度とれるように考えられているのです。「まだ雨は降っていないからだいじょうぶ」と考えず、行動に活かしましょう。

　ちなみに、警報と注意報が出される基準は、地域ごとのオーダーメードです。都道府県の防災機関と協議し作成されています。災害による影響は、その時の気象現象や季節によって、また、それぞれの地域の環境によっても変わってくるからです。その地域での過去の災害状況などとも照らし合わせつつ、常にアップデートされる仕組になっています。各地域の基準は気象庁のホームページで公開されています。

3
章

情報を得て、どう行動するか

　さて、ここで課題になるのが、その情報を使って、いつどのような行動をすればよいかということです。内閣府が避難情報に関するガイドラインを示していますので、参考にしましょう。

　このガイドラインでは、状況によって警戒レベルを1から5まで設定し、それぞれで住民がとるべき行動をつぎのように明記しています。

警戒レベル1（今後気象状況が悪化のおそれ）
災害への心構えを高める

3章 家での「自分の防災」デザイン

警戒レベル2（気象状況悪化）
みずからの避難行動を確認

警戒レベル3（災害のおそれあり）
危険な場所から高齢者などは避難

警戒レベル4（災害のおそれ高い）
危険な場所から全員避難

警戒レベル5（災害発生または切迫）
命の危険　直ちに安全確保！

　気象庁は、これらの警戒レベルと気象情報を対応させた図表を作成し公開しています。この図表を見れば、警報や注意報といった気象台からの情報を受け、自分がいま、どのような行動をとらなければいけないのかがわかります。市町村の段階ごとの動きもまとめられていますので、避難指示のタイミングを知り、心づもりをするにも役立ちます。

　この行動判断時に注意すべき点が、二つあります。
　①警戒レベル4で必ず避難する、②避難は安全を確保すること、という2点です。

　1点目は、警戒レベル4が、2021年5月まで避難勧告（避難を勧める）にとどまっていたことから注意が必要です。現在でも、情報が伝わっておらず、必ず避難しなければならないことを知らない人がいるかもしれませんので、まわりの人に積極的に教えてあげましょう。

60

　２点目は、避難の考え方に関することです。避難は、身の危険を避けるために行います。避難場所に指定されている近隣の小中学校や公民館に行くことだけが避難ではありません。内閣府・消防庁の呼びかけでは、避難には四つの行動があります。つぎの13緊急事態での避難行動でくわしく紹介します。

3章

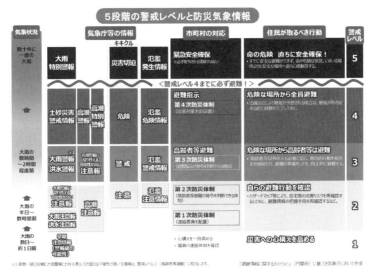

「５段階の警戒レベルと防災気象情報」（気象庁ホームページより）

13 緊急事態での避難行動

> **!** 避難にも選択肢あり！　場所、ルート、持ち出し品

どこに、どんなふうに避難する？

　危険が迫った時、身を守るために必要なのが避難行動です。避難が「いつ」必要なのかは、防災情報で判断ができることをすでに紹介しました。では、「どこに」、「どのルートで」、「どんなものを持って」避難すればよいでしょうか。

　どこに、の基本的な答えは、指定緊急避難場所です。緊急的に避難する場所として、市町村長が災害対策基本法に基づき指定しています。災害によって危険が回避できる場所は違うため、どの災害に対応したものなのか明記して指定されているのが特徴です。対応災害は洪水、崖崩れ・土石流および地すべり、高潮、地震、津波、大規模な火事、内水氾濫、火山現象の8種あります。いずれもハザードマップに記載されています。

　ハザードマップには、指定緊急避難場所に加えて指定避難所の記載もあります。避難場所と避難所は、似たような名称ですが異なります。避難場所が緊急で避難する単なる「場所」である一方、避難所は災害の危険性がなくなるまで滞在したり、災害によって自宅へ戻れなくなった場合に滞在したりすることを目的にした「施設」です。指定避難所については、16地域の防災力を知ろうで紹介します。

自宅も避難場所になる

　どこに避難するか、その基本的な考え方を先程説明しました。危険を回避できる場所は、実はひとつではありません。内閣府はつぎの4種類の避難を勧めています。

・行政が指定した避難場所への立ち退き避難
・安全な親戚・知人宅への立ち退き避難
・安全なホテル・旅館への立ち退き避難
・屋内安全確保

　安全が確保できそうな場所であれば、指定緊急避難場所以外も選択肢になるのです。屋内安全確保は自宅での避難のこと。自宅も避難場所になるのです。

　自宅については、内閣府が「三つの条件が確認できれば浸水の危険があっても自宅にとどまり安全を確保することも可能」と説明しています。その条件とは、①家屋倒壊等氾濫想定区域に入っていない、②浸水深より居室は高い、③水が引くまでがまんでき、水・食料などの備えが十分、の三つです。これらはハザードマップに記載されていない

避難場所標識（大規模な火事の場合）の記載例　　日本標識工業会提供

場合もあるため、住まいがある自治体に問い合わせて判断しましょう。

目的場所までの確認

　つぎに、どのルートで、です。目的地となる指定緊急避難場所は、たいていが地域の人なら誰でも知っている公園や広場です。そこまでの道のりは、最短ルートで頭に入っているという人が多いと思います。

　しかし、危険が迫っている災害時にその最短ルートが適切かはわかりません。水没していたり、土砂が崩れていたりする可能性があります。ハザードマップでこうした情報を確認しておく必要があります。また、夜間は街灯のある道のほうが安全であるなど時間帯によってはほかにふさわしいルートがあるかもしれません。これらをイメージしながら、この指定緊急避難場所へ行くならこの道がよい、といったプランをつくっておくとよいでしょう。

持ち物には優先順位をつけて

　どんなものを持って、については、いわゆる持ち出し袋に入れておくものです。くり返しになりますが、必要なものは、人によってさまざまです。そして、体力に応じて持ち出せるものの数や重さも制限があります。「なくてはな

らないもの」に優先順位をつけて欲張り過ぎないことも大切です。

　生命を維持するもの(水、食品等)、身を守るもの(ヘルメット、雨具、防寒具、救急用品等)、貴重品(通帳、現金、パスポート、身分証明書等)は誰もが必要としています。そのほか、感染症対策品や、子ども、女性、高齢者に対応した備品が加わります。行政や民間から多くのアイデアが発信されていますので参考にしてみてください。

　ここでは避難について、「いつ」、「どこに」、「どのルートで」、「どんなものを持って」を見てきました。大切なのは、これらの計画は平常時に立てておくということです。実際に危険が迫ってからでは、遅い。できることはやっておく、が防災の鉄則です。

3
章

内閣府「防災情報のページ」ホームページより一部改変

消防局認定の応急手当インストラクター

PROFILE

[江村 淳 さん]

千葉県千葉市の応急手当インストラクター。小学6年生でワークショップに参加し、同市消防局「応急手当ジュニアインストラクター」1期生となる。大学2年生。

→ 自治体で認定され、救命につながる応急手当

応急手当の普及めざし活動

　学業や仕事とは関係なく、プライベートな時間を使って活動をしています。最近では、小学校での講習会や、消防署主催の救急フェアといったイベントに出かけていき、子どもたちに、胸骨圧迫の方法などを教えていますね。

　コロナ禍でずいぶん減りましたが、その前は、教える機会がたくさんありました。忙しい時は1カ月の週末が全部、インストラクターの活動で埋まっていたかな。そのぶん自分の中に技術や知識が沁み込んできます。逆に、コロナ禍で機会がないと……。アウトプットって大事だなってすごく思いました。

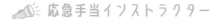
→千葉市が認定している市民ボランティア。消防職員といっしょに、市民が学ぶ救命講習の指導をする。同インストラクターになるためには、消防機関が認定する応急手当普及員の資格を得たのち、さらに専用講座の受講などが必要。その講座では、心肺蘇生法について、老若男女を問わず教えるための知識・技術を習得する。

子どもだから
できることがある

　　千葉市消防局の「応急手当ジュニアインストラクター」制度は、指定講習の修了者に認定証やピンバッジを公布し、普及活動にたずさわってもらうものです。今は、市内在住の小学4〜6年生が対象で、認定期間は小学校卒業までですが、僕が講習を受けた時は中学3年生まででした。その後も、応急手当普及員、応急手当インストラクター、というステップアップの仕組みがあって、僕も、そうした勉強を続けて現在に至っています。

　　ジュニア制度のコンセプトは、インストラクターが同世代の方に、同じ目線で教えようというもの。制度の実現は、実は子どもの発案からです。当時の千葉市長が僕たちの意見を聞いてくれたのがきっかけだったんです。

　　子どもが子どもに教える、ということで仲間みんなでアイデアを出し合いました。どうしたらわかりやすく、楽しく教えられるかなって。そこでクイズをつくったんです。「君たちが応急手当をやらなきゃいけないのはなぜなのか」「ふつうに救急車を呼んだだけだと手遅れになる命がある」などを、順序立ててクイズにしました。

　　教え方も工夫しました。たとえば胸骨圧迫の時は、「ゴリラの姿勢で」。今でも、みんな、そう伝えています。真上から90度の角度となる姿勢で行う、という解説があるのですが、そもそも、小学校低学年だと角度がわからない子

3
章

もいます。たとえ角度がわかっても、どんな姿勢か今ひとつ感覚がつかめない。だから、「ゴリラの姿勢」なんです。

技術と知識をみがき続ける

　ステップアップを重ねるにつれて、未成年ながら、大人にも教える機会も出てきました。はじめはやはり緊張しました。それに、ご高齢の方に「若いやつに教えられたくない」と言われてしまったこともありました。でも年が若いのは事実だし、仕方がない。子どもと大人、それぞれに違いがあるので、教える相手によって、たとえば言葉遣いや

認定証とバッジ　　　　　　　　　　　　　　　　益田美樹撮影

話すスピードなどに気をつけて、伝わるように心がけています。

　そのほか注意しているのは、情報の新しさです。大人の方って、1回ぐらいどこかで講習を受けている方が多いんです。けれど、それが5年前、10年前だったりすると、内容が変わっています。たとえば、胸骨圧迫の回数も、以前は1分間に「100回」だったところ、現在では改定されて「100回から120回」になっているんです。

　応急手当の方法は、日々検討がされて改定されていっています。だから、インストラクターとしても技術と知識を最新版でアップデートしておきたいと思っています。

伝えることでつくる、安心安全な街

　モチベーションですか？　僕はまだ人が倒れている現場に立ち会ったことはないんですが、もしそういう場面に遭遇して、何もできなかったら、とても後悔するなというのが、ひとつのやる気につながっているかもしれません。

　それに、千葉市は、流出流入人口が多いこともあります。僕が応急手当の方法を伝えても、市外に出ていく人が多い。でも、流入人口も多いので、伝え続けさえすれば、助ける側に回れる人の減少は食い止められる。助ける側になれる人が多くいたら、自分も何かあった時に助かる。安心、安全な街になりますよね。

水の防災「浮いて待つ」

PROFILE

[田村祐司 さん]
たむら ゆうじ

東京海洋大学学術研究院准教授・一般社
とうきょうかいよう　　　　　　　　　　　　　じゅん　　　　　　いっぱんしゃ
団法人水難学会理事。筑波大学大学院体
すいなんがっかい　　　　つくば
育研究科修了。群馬県伊勢崎市立第二中
　しゅうりょう
学校の体育教諭を経て、1992年から東
きょうゆ　　　　　　　　　　　　　　　とう
京商船大学（現東京海洋大学）の教員。
きょうしょうせん

→水の災害・事故で生死を分ける

水の事故防止の知識

　水防災には、命を守るための知識と技能が欠かせません。突然水に襲われて溺れ、命を落とす危険は、水災害に限らず水のレジャーにもあります。国内では毎年約700人が海や川、池などで溺れたり、低体温症になったりして亡くなっています。そこで水難学会では溺水予防の啓発活動を続けています。

　水の事故から命を守るために、ぜひ覚えておいてほしいことがあります。それは、水の活動時にはライフジャケットを着用し、ない場合は背浮きで「浮いて待つ」ということです。

→溺れずに、ライフジャケットを着用したり背浮きで浮いたりして救助を待つ合言葉。ライフジャケットを着用していない場合、服や靴を身に着けたまま、仰向けで水面に浮く「背浮き」をする。手足は大の字に広げ、あごを突き出して背筋を伸ばす体勢。浮くものがあればかかえると浮力が増す。背浮き維持のために声出しなどはしない。

2020年11月、瀬戸内海で旅客船が座礁して沈没した事故がありました。乗っていたのは、修学旅行中の小学6年生や教員など約60人。午後4時半ごろに発生し、何人も海に投げ出されましたが、午後5時半ごろに全員が救出されました。

船の浸水に気付いた時、船長さんはみんなにライフジャケットを着せ、海に飛び込むよう指示しました。周囲には島がたくさんあり、幸い、対岸の島の漁師さんが異変を察知し、海上保安庁の救助船が到着する前に救助を始めてくれました。

全員が助かったのは、何よりもまず、みんなが浮いて救助を待っていられたから。それができたのは、ライフジャケットを着ていたからです。

この小学校は、夏休み前にカヤックの授業に取り組んでいました。カヤックではライフジャケット着用は必然です。子どもたちは事故当時に、すでにこれを着た経験があったのです。そこで、先生から「言われた通りに落ち着いてやるんだよ」と声かけがあった時、怖かったかもしれませんが、ライフジャケット着用の経験があったからパニックにならずに行動できたのだと思います。

船長がライフジャケット着用を指示した時、勇敢な一部の子どもが率先して海に飛び込み、その後、ほかの子にも続くようはげましたそうです。このように子どもたちは助け合い、沈みかけた船からつぎつぎに海に飛び込み、救助を待つことができたそうです。

とにかく「浮いて待つ」

　ライフジャケットを着れば、誰でも浮くことができます。しかもふだんから練習しておけば、落ち着いて行動ができ、効果が大きい。この事故はそれを示しています。

　しかし、この旅客船の事故と異なり、水害時などにはライフジャケットが手元にない場合もあります。その場合にどうするか。とにかく、背浮きで「浮いて待つ」ことが大事です。

　2011年の東日本大震災で、津波から生還した少女がいました。場所は、宮城県東松島市。海から1.2キロメートルの内陸にあり、津波被害は想定されていませんでした。

背浮き指導　　　　　　　　　　　　　　　　　水難学会提供

小学校の体育館にいましたが、ライフジャケットなどありません。少女は、体育館に入ってきた高さ2メートルの津波にのまれました。そこで彼女（かのじょ）が思い出したのは、水泳の授業で教わった背浮きで「浮いて待つ」でした。

「肺に空気を入れて、あごを上げるんだよ」「運動靴（くつ）は浮力（ふりょく）があるから脱がないで」。この子は、水泳の授業はプールサイドで見学していたのですが、先生が言っていたこうした言葉を頼（たよ）りに、必死にその体勢をとり、流れに身を任せ浮（う）いて待ちました。

　しばらくして、自分の名前を呼ぶ声が聞こえました。探（う）しに来たお母さんでした。浮きながら、思わず「ここだよ」と答えたそうです。でも、この子はすぐに先生から聞いていた言葉を思い出しました。「絶対に声を出しちゃだめだよ、沈（しず）むから」。そこで、2回目の呼びかけにはあえて答えずに浮（う）くことを優先させました。そして結果、救助されました。

「背浮（せう）き」で浮いて待つ方法を知っていたから、彼女（かのじょ）は助かりました。知識があることで助かる命があります。

背浮きで鼻と口を水の上に

　ここで、背浮（せう）きの仕組みをご紹介（しょうかい）しましょう。モノには比重というものがあります。水の比重が1とすると、人間は空気を吸った状態で平均0.98です。つまり空気を吸うと

人間は水より軽くなります。1から0.98をひくと、0.02。空気を吸った状態だと体全体の2パーセント分だけ、水面から上に出るという理論です。

　水面に対して直立に沈むと、水面から上に出る2パーセントは頭のてっぺんになってしまいます。ところが、背浮きの姿勢になると、鼻と口の部分が水面から上に出る2パーセントとなり、水の上に出て呼吸ができます。呼吸をして肺に空気を入れると浮くので、浮くには空気を吸うことが大事です。

　浮力があるものについても、知っておきましょう。たとえば運動靴は底の素材が浮きやすくできています。しかし、靴底がゴム素材の上履きは浮きません。ほかには、クーラーボックス、サッカーボール、お菓子袋、服やタオルの入ったリュックサックも浮きやすいです。大きいビニール袋に、これらの浮く物を入れて閉めたものも、とても良く浮きます。このような浮く物をかかえると、救助が来るまで浮き続けることができます。

学校での教育が安全確保につながる

　こうした背浮き・ライフジャケット着用の指導は、学校教育の中でも少しずつ取り入れられています。低学年では「浮く運動遊び」に取り組みます。そこから泳法に入り、高学年では加えて「安全確保につながる運動」、つまり背浮き

も学ぶことになっています。

　ただし、学べる場は小学校にとどまりがちです。指導者不足などもあって、小学校であっても、まだまだ十分に普及（きゅう）しているとは言い難いのが現状です。自治体によっては、講師を招いた市民対象の講習会を開くなどしているので、ぜひ最寄りの行政情報をチェックしてみてください。

　実技講習を受けることはすぐには難しくても、知識だけは蓄（たくわ）えておくことができます。水での活動時や水害からの避難（ひなん）時には、「ライフジャケット着用」と「背浮（せ）き」で、泳いで体力を使うのではなく、浮（う）いて救助を待つ大切さを、ぜひ頭に入れておいてください。

3 章

「背浮き」（左）と「ライフジャケット着用泳法」の動画を示します。

背浮きの方法（右）と、実際に小学校で行われたライフジャケットを着用しての「浮いて待つ」訓練

ライフジャケット着用プログラム

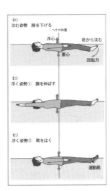

「背浮き」のメカニズム

14 発災後の日常はどうなる？

自宅も避難所として機能する

　災害による危機が去ったら、すぐに日常生活も再開！こうなるのがいちばんですが、暮らしに影響が残る可能性は十分にあります。避難生活がしばらく続くことも想定しておかなければなりません。

　発災後、まず考えなければならないのは、自宅に住み続けられるかどうか。言い換えれば、避難所に行く必要があるかどうかです。13緊急事態での避難行動で見たように、指定された避難所に行くことだけが避難ではありません。自宅も避難所になりますし、親戚の家や、ホテルなども選択肢に入ります。

　そこが、難を避けられる場所であれば、避難所としてよいのです。つまり、ハザードマップに照らして災害の危険性が低い場所にあり、耐震性にすぐれた建物であって、家具類も固定するなどの対策がされている、かつ1週間程度の食料の備蓄があるという場所です。

　こうした場所がほかにあるのであれば、あえて指定避難所に行く必要はありません。指定避難所は十分に個人スペースがとれないこともあり、プライバシーや感染症の問題もあることから、行政も分散避難を呼びかけています。ライフラインが停止していたとしても、自宅がこの条件を

満たしていれば、もちろん自宅にとどまることもできるのです。

　慣れ親しんだ自宅で家族だけで過ごすほうが、心身のストレスを増やさずに過ごせると指摘されています。そのためにも自宅の耐震性を高めたり、食料備蓄を増やしたりする備えを平常時から続けておくと安心です。備えの充実度が、災害直後の暮らしを左右します。

食材の知恵

　自宅にとどまる場合、ライフラインが復旧したり、支援の手が入ったりするまでのあいだ、備蓄品を順次使いながらもちこたえることになります。ライフラインがないので、自然の中で寝泊まりする「キャンプ」に似た状況に置かれます。衣食住のさまざまな分野で知恵が絞られ、情報発信されています。

　なかでも、知っているとむだをなくせるのが食品の消費です。もっとも知られた工夫は、ストックした食品のうち、最初の1〜2日のあいだは冷蔵庫の中の食材を優先的に消費するというものです。停電によって、冷蔵庫の食品は急速に傷みます。そこで傷む前に口に入れていくのです。冷蔵庫は、電源オフとなった直後はそれ自体が大きなクーラーボックスとなって保冷効果が期待できますので、効果を持続させるために開閉回数も可能な限り少なくします。

　冷蔵庫の食材が底をついてきたら、常温の保存食の消費

に移ります。フレッシュな食材がこの段階で特に少なくなります。生野菜、果物が食べたいという声が被災地でも多く聞かれたといいます。保存食にはご飯やパンといった主食、煮物などの副菜がありますが、生野菜のサラダなどはほとんどありません。これでは栄養も偏(かたよ)ります。そのためにも、野菜ジュースや果物ジュースを備蓄(びちく)品に加えておくことが有効です。

自家栽培(さいばい)や家庭菜園も役立つ

　野菜を自家栽培(さいばい)したり、養鶏(ようけい)で卵をとったりできる環境(かんきょう)があればサバイバル力はぐんとアップします。近年では、

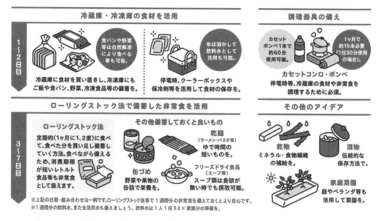

内閣府「防災情報のページ」ホームページより

　家庭菜園のほか、庭先養鶏といって自宅で鶏を飼う若い人たちも増えています。いずれも環境にできるだけ負荷をかけずに安全な食材を確保するためのライフスタイルですが、防災にも役立ちます。

　これらの食材を、食事として利用するためには、調理道具や熱源も必要です。カセットコンロに使うガスボンベは、一本で約60分使用できます。これを目安に必要本数を割り出して備蓄しておきます。

　水の供給がストップしているあいだは、飲み水以外の水の使用は極力減らします。食器洗いをしなくてよいように、食器はラップをつけて使用し、食後はラップを外すだけにします。また、自宅の設置トイレが水洗であれば使用せず、水を使わない防災用のトイレを備蓄しておくと節水になります。

　最後に、災害後の生活でも欠かせないのが、携帯電話です。各種情報入手や安否確認も必要ですから、バッテリーを切らさないように心がけましょう。ソーラー充電器があれば安心です。

15 災害時のライフライン

 安全に復旧の日を迎えるために

水道、電気、ガスなどについて知っておこう

　水道や、電気、ガスといったライフラインは、私たちの暮らしを維持するのに必要なものです。災害時には、断絶される場合があり、その状態でももちこたえられるようにと備蓄が呼びかけられています。ただ、備蓄以外にもライフラインに関して知っておいてほしいことがいくつかあります。

　まずは電気です。単に供給がストップするだけでなく、二次的災害を引き起こすことがあります。切れた電線からの感電や、電熱器具が発火原因となる電気火災です。

　電気火災を防ぐためには、切れた電線には絶対にさわらないことはもちろん、コンセントからプラグを抜く、避難する時にブレーカーも切っておくことが必要です。また、水につかった電気設備・器具は、漏電を起こします。使用する場合は、必ず安全点検を受けてからにしましょう。

　ガスは、パイプラインで供給する都市ガスと、LPガス容器で個別に供給するLPガスの２種類があります。

　都市ガスは、災害で供給をストップした地域については、ガス漏れがないかをガス会社が確認するまで供給が再

開されません。その確認作業は地区を細かく分けて行われるため、近くのエリアで供給が再開されていても、自分の家にはまだガスが届かない、といったことも起こります。

危険をともなうガスの取り扱い

　災害のうち、地震発生時に特に注意が必要なのは、ガスコンロの火の始末と、ガス臭い場合の対応です。火の始末は、揺れが発生したらすぐに消すのがベストです。ただ、揺れているあいだに無理に消しに行くのはとても危険です。ある程度揺れが収まってから消しに行くようにしてください。

　もしガス臭さを感知したら、すぐにガス栓を閉め、換気のために窓を開けてから、屋外に避難します。ここで大事なのは、「電気製品のスイッチは入れない」ということです。空気を入れ換えようとして、つい換気扇をオンにしたくなるかもしれませんが、絶対に使わないでください。火花がガスに引火し、火災を引き起こすことがあります。

　揺れが収まって、ガス器具に損傷が見当たらず、ガス臭くなかったら、ガス栓を開けてみましょう。ガスが出てきたら、そのエリアは供給ストップにはなっていない（＝地震による問題はなかった）ということで、ガスをそのまま使うことができます。

　ガス栓を開けてもガスが出ない時は、そのエリアでガスの供給が停止しているか、自宅のマイコンメーターがガス

3
章

3章 家での「自分の防災」デザイン

を遮断しているかのどちらかです。マイコンメーターは、ガス使用中に震度5相当以上の揺れがあるとガスを止めます。そこでマイコンメーターの復帰操作を各家庭で行う必要があります。マイコンメーターのある場所を確認し、復帰操作の手順に慣れておきましょう。

　LPガスも、地震発生時の注意事項はほぼ同じです。ガス栓だけでなく、屋外の容器バルブも閉めます。ただし、

マイコンメーターの復帰の手順
（経済産業省ホームページより）

同じエリアでも建物の被災状況によって復旧の時期が前後することがあるので覚えておいてください。そして、ガスの復帰操作を行っても復旧しなかったり、実際にガス漏れや設備損傷が起こっていたりする場合は、LPガス販売店が点検し、二次災害防止の措置をします。

　LPガスは、容器運搬によって供給できることから、避難所での熱源としても有効です。都道府県のLPガス協会の多くが、自治体と協定を結んで地域の防災活動に協力しています。

3
章

大規模地震の時は上下水道に注意

　水道が被害を受けるのは、大規模地震です。上水道は、排水管が壊れてしまうと、その地点より先には水を供給できなくなります。排水管は地下に設置されていることがほとんどですから、問題の箇所の場所もすぐには特定できません。土を掘り起こすところから始めなくてはならず、復旧まで１カ月はかかると言われています。

　下水道も同様に復旧には時間を要します。特に問題になるのは、水洗式トイレが使えなくなることによる衛生状態の悪化です。仮設水洗トイレ用の排水設備の整備を進めるなど、各地の下水道施設は地震対策を続けています。

16 地域の防災力を知ろう

> **頼みの綱の指定避難所。カギを握るのは地域の防災力**

避難所での生活の質

　災害が起こって、自宅で暮らせない状態になったら……。多くの人にとって頼れる場所は、地域の指定避難所です。

　指定避難所は、災害対策基本法に基づき、市町村長が指定することになっています。地域の防災計画の中ですでに決定されていることがほとんどで、多くは公民館や学校といった公共施設です。対象は、地域住民をはじめ、その場所に居合わせた旅行者なども受け入れます。

　指定避難所とは別に要配慮者に対応する福祉避難所を設置することも求められています。要配慮者とは、高齢者、障がい者、乳幼児、妊産婦など、避難行動や避難所での生活で課題をかかえるかもしれない人たちです。福祉避難所は、スロープが設置されていたり、非常用電源が確保されていたりする施設が選ばれています。

　避難所での生活がいつまで続くかは、災害の深刻さや、個人の経済状況などによって異なります。数カ月かかることも念頭に置いておく必要があります。過去の記録を見ると、避難所閉鎖までに阪神・淡路大震災では6カ月、東日本大震災では宮城県で9カ月、福島県双葉町の住民が避難した埼玉県加須市で2年9カ月かかっています。

だからこそ、避難所での生活の質確保や円滑運営が、強く求められています。実際に、過去の災害時には衛生状態悪化など避難所の問題がいくつも指摘されました。そこで内閣府は、2016年4月に避難所運営ガイドラインをつくり、いつ、誰が、何を行うべきかなど19項目をチェックリストとして公開しています。

ガイドラインによると、避難所での生活の質とは、「人がどれだけ人間らしい生活や自分らしい生活を送ることができているか」を問うもので、「避難者の健康が維持されること」を目標にしています。裏返せば、これまでの避難所では、そのレベルの質を確保しにくい状況が続いてきたと言えます。

原因は予算不足などさまざま考えられますが、被災自治

静岡県地震防災センターにある災害時のトイレ模型　益田美樹撮影

3
章

体が共通してかかえるもっとも顕著な問題はマンパワー不足です。避難所対応は、職員もみずからが被災した中で行われます。防災担当者だけでは到底乗り越えられず、職員の総力戦となります。それでも課題が残るのが実情です。

避難所運営のプレーヤーは地域住民

　課題解決に重要なのは、多くの人・組織の協力です。もちろん、住民が含まれます。ガイドラインでも、「誰が」にあたる主体者として、避難者（在避難所）、地域住民（支援者）、NPO・ボランティアが列記されています。住民も、避難所運営のプレーヤーなのです。

　市民の力は、避難所の開設にあたっても重要です。制度上、開設を担当するのは市町村ですが、災害の混乱の中で職員がすぐに到着できないこともあり、開設に時間がかかることも予想されます。それに対応するため、周囲の住民が施設の鍵を預かり、必要となった場合には、住民が避難所の開設を始めるといった工夫も検討されています。

　行政の初期対応の限界を直視すれば、住民一人ひとりの力が必要になっていることは明白です。そして、防災に取り組む人たちが集まれば、街の防災力は飛躍的に高まります。こうした状況を背景に自主防災組織が、全国的にも増えています。

　自主防災組織は、総務省消防庁の説明によると「『自分た
ちの地域は自分たちで守る』という自覚、連帯感に基づき、
自主的に結成する組織であり、災害による被害を予防し、
軽減するための活動を行う組織」です。その活動カバー率
（全国世帯数に対する自主防災組織が活動範囲としている
地域の世帯数の割合）は2022年4月1日現在、84.7パーセ
ントとなっています。

　地域の防災リーダーとして活動する防災士という資格が
ありますが、それとは異なり、自主防災組織のメンバーに
試験や資格はありません。誰でも、いつでも、参加できま
す。未成年であっても、身近に組織がすでにあればそこ
で、もしなければ発足させて、地域の安心安全に貢献する
道が開かれています。

3
章

静岡県地震防災センターにある避難所模型　　　　益田美樹撮影

防災を知る！ 6

地域を守るユースの活動

PROFILE

[橋本 玄 さん]

学生団体「Genkai（玄海）」代表・防災士。
被災者支援をしていた家族に影響を受け
2020年8月、地域を守れる若者を増や
そうと「玄海」の活動を開始。高校2年生。

→ 10代目線で防災力アップ

防 災に関心がある10代が集合

　メンバーは中学3年生から大学1年生までの26人。僕は神奈川県鎌倉市にいますが、海外の子もいます。部活みたいな感じかな。オンラインを活用し研修もしています。

　いろいろな活動をしています。たとえば、出張防災講座。担架やバールの使い方などを伝えています。これらは共助資機材といって、地域の防災倉庫に入っていますが、宝の持ち腐れになっていることが多いんです。

　参加型の防災講習もします。ライフラインがすべて止まった時を想定した火おこし、ご飯の炊き方、ブルーシートでの担架づくり……。実際に担架を運ぶ時に配慮できる

INTERVIEW

学生団体「玄海」のSNS発信

➡地域防災力のアップをめざし情報発信にも力を入れている。災害時に「助ける人」になれる人を増やすのが目的。たとえば、「危険箇所紹介」活動では、各地域の人たちといっしょに街を歩いて危険箇所を見つけ、その動画をインターネット上にアップしている。「地図上ではわからなかったような危険箇所をリアルにお伝えします」（玄海ホームページより）。

よう、担架に寝てもらうこともしています。

年下の世代も引き込む

　大事にしているのは、楽しみながら、ということ。たとえば子ども向けに企画した「防災アドベンチャー」は、チームで点数を競い合うイベントです。ゴミ拾いしながら鎌倉の街を歩いて、津波避難ビルなどを探します。公衆電話体験も取り入れていて、子どもたちはすごく喜びます。

　実は、鎌倉の街の中心部でこれをやることに意味があります。観光地の鎌倉は、景観保護のため15メートル以上の建物は建てられない規制があるんです。

　鎌倉で予想されている津波の高さは最大14.5メートルなので、ほぼこの規制の高さと同じです。しかも繁華街に津波が入っていくと、ビルのすき間を通る時に、波の高さは、一時的に上がると言われています。つまり、鎌倉では、最大級の津波が来た場合、ほんとうに逃げ場がなくなるかもしれない。それを理解しておくのは重要だと思っています。

　いち押しのイベントは、防災運動会です。僕の経験では、体を動かしながら楽しんだことは、自分の中に残ります。だから、マニュアルに沿って逃げる練習をするより、遊びながら学ぶことができたらと思いこれを企画しました。水消火器という訓練用の消火器を使って的当てをしたりして、

Disaster prevention

89

障害物リレー形式でチームに分かれて技術を競います。

　みんな「楽しかったー」と言いながら帰っていきます。彼(かれ)らは何のためにこれをやっているのかわかってないかもしれない。けれど、防災技術が身についているんです。そして、経験したことを家族に共有することで共助がなりたちます。

まずはきっかけづくりから

　防災って、学生の中ではかかわりたくない分野になってしまっています。学校の避難(ひなん)訓練がつまらないですし。だから、「映像制作」や「子どもとのかかわり」など、ほかの何かと防災をつなげることでメンバー、一人ひとりのやりたい事を叶(かな)え、楽しんで活動できるようにしています。彼(かれ)らに僕(ぼく)が消火器の使い方を教えると、今度はその子たちが小さい子たちに教えられるようになっていきます。

　自分たちの世代だからこそできることがあります。たとえば、東日本大震災の写真展をやったことがあるのですが、近所に住む子どもたち(兄と妹の二人)が、見に来てくれま

玄海で企画した写真展を見る兄妹

した。「玄がやってるから」って。そして、写真を見ながら兄が妹に地震について知っていることを話していました。僕らがやることで、きっかけがつくれると思っています。

　僕は防災士ですが、資格は関係ないと思ってます。子どもでも、いまはスマートフォン一台あれば、SNSでの発信など自分で何でもできます。また、少しがんばれば学校の防災教育をより実効性のある形に変えていくこともできる。逃げて終わりの避難訓練が多いけど、それじゃもったいないですよね。

　僕は、地域防災でいちばん活躍できるのは中学生だと思います。小学生以下は力が足りないし、高校生以上は地域外に通学している。先生たちは、中学生に人助けをさせるなんて考えてもいないかもしれませんが、避難所となる中学校の構造をいちばん知っているのはそこの中学生です。避難所の設置のお手伝いぐらいはできるようになってほしい。

　大きなアクションじゃなくても、話し相手になってあげるとか、心のケアなどは学生の得意分野だと思います。小学生までは自助、中学生からは共助、そして、高校生からは人に教えられるレベルになっていくといいなって。中学生のうちに、この地域は自分たちが守るっていう意識づけができたらいいですね。いま、防災運動会を小学生対象でやっていますが、彼らが中学生になった時に学校の避難訓練で、「その資機材の使い方、知ってるよ」って手をあげてもらうのが目標です。

災害の「備え」チェックリスト

非常用持ち出し袋　避難の際に持ち出すもの!

- □ 水
- □ 食品
  ご飯「アルファ米など」、レトルト食品、ビスケット、チョコ、乾パンなど（最低3日分の用意）
- □ 防災用ヘルメット・防災ずきん
- □ 衣類・下着
- □ レインウェア
- □ 紐なしのズック靴
- □ 懐中電灯（手動充電式が便利）
- □ 携帯ラジオ（手動充電式が便利）
- □ 予備電池・携帯充電器
- □ マッチ・ろうそく
- □ 救急用品
  ばんそうこう、包帯、消毒液、常備薬など
- □ 使い捨てカイロ
- □ ブランケット

- □ 軍手
- □ 洗面用具
- □ 歯ブラシ・歯磨き粉
- □ タオル
- □ ペン・ノート

感染症対策にも有効です!!
- □ マスク
- □ 手指消毒用アルコール
- □ 石けん・ハンドソープ
- □ ウェットティッシュ
- □ 体温計

一緒に持ち出そう!!
- □ 貴重品
  通帳、現金、パスポート、運転免許証、病院の診察券、マイナンバーカードなど

子供がいる家庭の備え
- □ ミルク（キューブタイプ）
- □ 使い捨て哺乳瓶
- □ 離乳食
- □ 携帯カトラリー
- □ 子供用紙オムツ
- □ お尻ふき
- □ 携帯用お尻洗浄機
- □ ネックライト
- □ 抱っこひも
- □ 子供の靴

女性の備え
- □ 生理用品
- □ おりものシート
- □ サニタリーショーツ
- □ 中身の見えないごみ袋
- □ 防犯ブザー／ホイッスル

高齢者がいる家庭の備え
- □ 大人用紙パンツ
- □ 杖
- □ 補聴器
- □ 介護食
- □ 入れ歯・洗浄剤
- □ 吸水パッド
- □ デリケートゾーンの洗浄剤
- □ 持病の薬
- □ お薬手帳のコピー

備蓄品
お家に備えておくもの!

- □ 食料や水（最低3日分!できれば1週間分）× 家族分
  保存期間の長いものを多めに買っておき、消費したら補充するという習慣にしていれば、常に食料の備蓄が可能!
- □ 生活用品
  例えば、ティッシュ、トイレットペーパー、ラップ、ゴミ袋、ポリタンク、携帯用トイレ　など

ほかにも、家庭で必要なものは日ごろから備えておきましょう

出典：災害の「備え」チェックリスト（首相官邸）
https://www.kantei.go.jp/jp/content/000111250.pdf

4章 外での「自分の防災」デザイン

17 自主 DIG ワーク（お出かけ編）

！ 家と同じように外でも防災をデザインする

外に出かける時のリスク把握

　4章では、外出シーンをクローズアップして考えていきます。学校に通っているみなさんはもちろん、仕事や用事のある人たちにとっても、出かけることは生活の一部です。

　にもかかわらず、お出かけの時に防災を考える機会はふだんそれほどありません。出かける先では自分で防災対策をしづらい傾向がありますが、危険を把握することで、できることも見えてきます。

　まずはつぎのワークをやってみましょう。

ワーク1
　ふだん出かける場所（目的地）をリストアップ！　学校、習い事、親戚の家……、いくつありますか。

ワーク2
　それぞれどんな災害が予想されていますか。ハザードマップで確認しましょう。

ワーク3
　外出の経路では、どんな災害が予想されていますか。公共交通機関を利用する場合は、乗り換えの駅やバス停もチェック。

ワーク4

それぞれの災害に対応するために、何を携帯しておくとよいでしょうか。

　結果はどうだったでしょうか。この本でこれまで読んできた知識であらためて出かける場所（目的地）を見直すと、発見もあったのではないでしょうか。「おばあちゃんの家は、あの部屋が地震で危ないかも」「プールに行く途中のこの坂道は水が溜まってバスが止まるかも」などです。

　気付いたことはすぐにメモしておきましょう。この気付きを、出かけた先の人たちとも共有するのがベストですが、それがなかなか叶わない場合は、まずは自分の身を守るために活かしましょう。

　4章では、出かける時の防災デザインを考えるにあたって、中高生の読者のみなさんが自宅以外でもっとも多くの時間を過ごす、あの場所の話から始めます。学校です。

4章

静岡県地震防災センターで展示されている携帯防災グッズ　　　　益田美樹撮影

18 学校での防災を
見てみよう

理科、社会科など教科の中にも
含まれる「防災」

　学校では、児童生徒と教職員が多くの時間を過ごします。災害が起こった時、そこにいる人たちの命を守ることが学校のもっとも重要な役割です。しかし、学校が防災分野で果たす役割はそれだけではありません。

　そのひとつが、平常時の防災教育です。学校で学ぶ教科に「防災」はありませんが、体育、道徳、理科といった各教科の中に防災にかかわる項目が含まれています。たとえば、社会科で「くらしを支える情報(緊急地震速報について)」を扱ったり、理科で「流れる水のはたらき」を調べたりすることです。

　文部科学省の資料によると、このような「防災を含む安全に関する教育」を実施している学校はほぼ100パーセントとなっています。防災訓練に限らず、学校では、日々の学習の中でも子どもたちに命を守る力を育んでもらおうと取り組んでいるのです。そして、それが可能になるように、行政は、教職員に安全に対する意識やスキルを高めてもらうための研修も行っています。

地域の安全と切り離せない学校施設

　学校の役割としてもうひとつ重要なのが、避難場所／避難所です。これまで見てきたように、学校施設の多くが現在、市町村から災害時の緊急避難場所や避難所に指定されています。指定されていようといまいと、住民のほか旅行者などの帰宅困難者が避難してくることも考えられます。学校活動を再開しながら避難所として利用され続けることも想定されるため、事前に、地域の自主防災組織などともいっしょに対応策を検討することが必要となっています。

　学校は、平常時には防災教育や防災訓練、発災時には危険回避の機能を担い、発災後は避難所としての利用もあり得るという、防災とは切っても切り離せない施設です。そして、学校に通う児童生徒や教職員だけでなく、広く地域住民の安全にも深くかかわります。だからこそ、事前にできる限りの対策を検討し、実施しておくことが不可欠です。

　あなたの通う学校はどうでしょうか。単に勉強を教えてもらう場所としてではなく、自分が日常の多くの時間を過ごす場所、さらには多くの人の安全を守る場所として学校をとらえ直し、学校がもっと防災力を上げるためにはどうすればよいか考えてみることも大切です。

4章

19 学校の防災計画

学校は人の命を守れるか？

　学校での防災をどうしていくか。災害が起こった時どうするか。それらを事前に検討したものが、学校安全計画や危機管理マニュアルです。防災に特化して、学校防災計画や、防災マニュアルなどとしてまとめられることもあります。

　学校安全計画と危機管理マニュアルは、策定が法律によって義務づけられています。前者は学校保健安全法第27条によって、後者は同法第29条によって、各学校がつくらなければならないものとなっています。実際に、文部科学省の調査（2018年度）によると、策定した学校の割合は、学校安全計画が96.3パーセント、危機管理マニュアルが97.0パーセントとなっていて、ほぼすべての学校で取り組みが進んでいます。

　ただ、実効性のある準備になっているかは、また別の話です。

　2019年、文部科学省は「自然災害に対する学校防災体制の強化及び実践的な防災教育の推進について（依頼）」という文書を、自治体に通知しました。そこでは、この学校安全計画や危機管理マニュアルの見直しを求めています。

　通知の背景には、近年の自然災害の多発と、大規模災害

の予測に加え、東日本大震災で多数の犠牲者を出した宮城
県石巻市立大川小学校の被災ケース（コラム参照）の反省が
あります。「これまでの学校防災体制及び防災教育が適切
であったかを振り返り、点検し、次の対策につなげてい
く」（文部科学省）必要性が、通知に書かれています。

　前述の調査では、学校安全計画や安全教育等の取り組み
を保護者に通知している学校が78.6パーセント、危機管
理マニュアルに関しては46.2パーセントでした。地域の
行政機関とのあいだで安全に関する情報共有や共同訓練を
行っている学校の割合は、87.0パーセントとなっていま
す。一度災害が起これば、学校の防災対応は、保護者はも
ちろん地域にもかかわります。計画やマニュアルをつくっ
て終わりにするのではなく、関係する人たちと訓練などを
通して議論し、実行性のある内容に高めておくことが重要
です。

　みなさんの学校はどうですか。学校安全計画や危機管理
マニュアルを公開していますか。定期的に見直しています
か。その内容に注意を向けておくのも、身を守る一歩です。

4
章

大川小学校津波被災

　2011年3月11日に起こった東日本大震災は、数えきれないほどの教訓を残しました。学びを実践に活かしていこうという動きが、日本全国に広がっています。

　なかでも、学校に通う子どもたち、学校現場で働く人たちが知っておくべき事例としてあげられるのが、大川小学校の津波被災です。

　大川小学校は、宮城県石巻市立の小学校です。海から約4キロメートル離れていて、北側には東北一の大河として知られる北上川が流れています。発災当時は、児童103人と教職員11人がいました。午後2時46分に地震が発生し、児童は教職員の誘導で校庭にいったん避難しました。家族の迎えもありましたが、多くの児童がその後、校庭に留め置かれました。そして、午後3時半ごろ、北上川の橋の袂にある「三角地帯」に校庭から移動を開始したのですが、その時、北上川を遡上してきた津波が堤防を越え、加えて、陸上を遡上してきた津波も付近に到達して、児童たちをのみ込みました。

　この津波により、児童74人（うち4人は行方不明）、教職員10人が犠牲になりました。同じ場所にいて生き残ったのは、児童4人と教員1人のみでした。あまりにも甚大な被害だったこと、そして津波から逃れられる高さの裏山

があったにもかかわらずそこには避難しなかったことなど
が、社会に衝撃を与えました。対策の怠りから被害を大き
くしたのではないかと批判も出ました。

　実際に、遺族が真相究明のために起こした裁判では、そ
うした過失が認定されました。震災前からわかっていた地
震の発生確率から、そこから引き起こされる津波は予見可
能であったこと。そして、これを前提に学校側には安全を
確保する義務があったこと、などです。

　遺族の記者会見には、亡くなった子どもたちの顔写真と
ともに、「先生の言うことを聞いていたのに!!」という一文
が掲げられました。被害は「天災」としてすませられるの
か。学校現場のすべての人に問われた課題です。

4 章

映画『「生きる」大川小学校 津波裁判を闘った人たち』より

©2022 PAO NETWORK INC.

「学校の防災」をみんなでアップデート！

- - - - - - - - - - - - - - - -
PROFILE
- - - - - - - - - - - - - - - -

〚 **かもんまゆ** さん 〛

(一社)スマートサプライビジョン特別講師、
防災士。学校防災や「防災ママカフェ®」、
Jリーガーと協働する「一生忘れない防災
訓練」プロジェクト等、全国で活動中。

➡ **防災とは、みんなの笑顔と未来を守る「大作戦」！**
- -

東日本大震災以降学校は変わったか

　2021年3月から、「学校防災アップデート大作戦！」という活動を始め、先生や学校関係者のほか、災害時に「子どもの命を守る」立場になる大人たちを対象に、防災講座を開いています。

　東日本大震災では、たくさんの学校が大変な被害に遭いました。なかでも、宮城県石巻市の大川小学校では、避難の遅れから、児童と先生計84人が津波で亡くなる大惨事が起きました。行方不明の子は4人いて、12年経った今でも、お父さん、お母さんはその子たちを探し続けています。ほんとうにつらく悲しいことです。

🔦 東日本大震災による学校の被害状況

→ 国立国会図書館の資料によると、合計死者数は641人、行方不明者は92人。学校倒壊による死亡報告はなく、津波による被害が主なものだった。学校耐震化率は当時73.3パーセントで、それを下回ったところで被害が目立った。死者数と行方不明者数が最多の宮城県では、耐震化率は93.5パーセントだったものの、学校などの被災施設のうち55パーセントが沿岸地域にあった。

　私は「あれだけのことがあったのだから、社会はよい方向に変わったはずだ」「全国各地の学校でも、これを教訓に、これから起きる南海トラフ地震や直下型地震に向けて、防災マニュアルや防災訓練を強化しているだろう」と思っていました。

　ところが、震災から10年経った2021年2月に、全国の先生方にインターネットでアンケートを取ってみると、74.1パーセントの先生が「大きな災害が起きたら、子どもたち全員の命を守る自信がない」と回答したのです。

🏫 学校防災アップデート大作戦の立ち上げ

　私は「このままでは、また同じ悲しみをくり返すことになってしまう。一体どうしたらいいんだろう」と思いました。そこで、つぎの災害が来る前に、学校にかかわるすべての人たちの力を合わせて、学校防災をより安全なものにしようと「学校防災アップデート大作戦！」を立ち上げたのです。

　先生向けのオンライン防災講座では、東日本大震災で被災した学校で、実際にどんなことが起きたか、先生と子どもたちがどうなったかを、当時現場にいた先生たちから直接聞いてもらいます。

　大川小学校では、大きな地震のあとすぐに校庭に避難し

4章

たのですが、つぎに行くべき避難場所が不明確でした。先生や地域の大人たちが「逃げるか逃げないか」「どこに逃げるか」と話し合いを続け、そのまま51分校庭にとどまってしまいました。防災無線やラジオ放送、市の広報車からの「すぐ高台に逃げてください！」との呼びかけもあり、ようやく避難を開始したものの、結果的にたった1分、150mしか移動できずに大津波に襲われてしまったのです。

　一方、岩手県釜石市では、震災の7年も前から防災についていろいろな機会をつくってみんなで学んでいました。発災時、市内の約3000人の子どもたちは、各々がいた場所から、「学校で教わった避難」を臨機応変に実行し、命を守り切ることができました。このことは「釜石の奇跡」とも言われました。

　どちらの学校の先生も「子どもの命を守りたい」、その一心だったはず。それなのに、事前の準備の違いにより、未来が大きく変わってしまいました。

　オンライン講座に参加した先生たちは、自分の学校の子どもたちを思い浮かべながら、「本当はどうあればみんなの命が守れたのか」、本気で考えます。

めざすのは「子どもも、先生も、命を守れる学校」

　大災害では、それまで考えもしなかったこと＝「想定外」のできごとがつぎつぎに起こります。釜石や大川の発災時

　の話を聞くと、「過呼吸になってしまう子が続出した」「先生も怖くて足が震えて動けなかった」「停電で校内放送が使えず、逃げ遅れてしまった」そうです。小雪がちらつくとても寒い日で、上着も着ず逃げたので寒くて泣きだす子、小学校低学年ではおもらしをしてしまう子や、怖くて吐いてしまう子もいたそうです。

　地域住民が避難してくる、親が迎えに来る、校長先生が出張で不在、クラス名簿を持ち出せず点呼が取れない、不気味な防災サイレンが大音量で鳴り続ける……時間も情報もない中、大人も子どももパニックになったことでしょう。

　みなさんの学校の防災訓練は、こんな「想定外」を考えたうえでの訓練になっているでしょうか。「静かに○分で校庭に並べましたね、すばらしい！」などとやっているかもしれませんが、現実はトラブル続出で、そんなふうにうまくいくことはないのです。

釜石の避難の写真（震災時）（内閣府防災情報のページより）

　そもそも、防災訓練の目的は「本番でみんなの命を守ること」ですが、いつの間にか「訓練のための訓練」「ただの年中行事のイベント」になっていないでしょうか。

　でも、あなたがもしいま、「学校でこういうことが起きたらどうなるんだろう」と不安に思うのであれば、いまから、みんなで変えていけばいいのです。

　いざ大きな災害が来たら、「あの時、やっておけばよかった……」という後悔ではなく、「あの時、やっておいてよかったね！」と笑顔でハイタッチできるように、いまわからないこと、心配なことは、先生や友だちに呼びかけて、見直してみてほしいと思います。まずは手はじめに、「停電したら」「友だちが過呼吸になったら」どうしたらいいか、先生に聞いてみましょう。

楽しみながら、みんなで防災力をみがいていこう

　釜石東中学校の子どもたちは日頃から先生や友だちと災害についてよく話していて、訓練で失敗をくり返すことで、「自分で考え、行動する」クセがついていったといいます。「本番」で失敗しないためにするのが「訓練」なのですから、訓練で失敗する、というのは決して悪いことではないんですよね。

　そして、卒業生はみんな「防災の時間は楽しいものだった」と言います。楽しいと、夢中になって取り組め、記憶

に残りやすいですよね。

「こうなったらどうする？」「もしかしたらこうなるかも……」と、常に質問ごっこと想像ごっこ（＝シミュレーション）をし、大人も子どもも、日々の生活の中で楽しみながら危険に気付く力を養うことが大切です。

　日本では、自然災害は「ごくあたりまえに起き続けるもの」。全国のどこにどんな災害が起きても、笑顔で乗り越えられるよう、みんなで防災力をみがき、準備を続けてほしいと思います。

　防災とは、同じ地域に住むみんなの笑顔と未来を守るための大作戦。そう考えれば、学校だけでなく、家族や地域に住む人たちなど、地域を愛するみんなが関係者。いろいろな立場からアイデアを出し合って、楽しく取り組んでほしいです。そして、「自分と大切な人の命を、人任せにしない」「いま、できることを後回しにしない」と心に決め、小さなことでも、いまできることから、まずはあなたから動き始めてほしいと思います。

4章

「学校防災アップデート大作戦！」先生向けオンライン防災講座の様子

避難経路と
携帯物を知ろう

!　**防災の盲点を減らしていこう！**

外出した先での避難を
想定してみよう

　災害はいつ起きるかわかりません。でも、発災時に決断しなければいけないことを事前に片付け、検討事項を最小限に減らしておくことで、緊急時の脳力と体力のキャパシティーを高めることができます。

　この本ではこれまでに、家と、学校の災害について見てきました。家もしくは学校で災害が起こった時のことは、頭の中でシミュレーションできたと思います。しかし、このほかにもまだ考えなければいけない場面があります。学校以外の外出時です。

　外出時の防災は、実は盲点になりやすいのです。外出時に、自分がいる場所を考えてみてください。防災訓練を行っているところはどれくらいあるでしょうか。自分が訓練に参加しているものに限定したら、学校くらいしかない、という中高生の方も少なくないはずです。外出時の防災を考えるのは非常に大事です。

　ただ、「外出時」というとあまりにも場所のバリエーションが多いので、考えようとしても難しいかもしれません。そこで、まずは、通学・下校時を想定してみましょう。

　中高生のみなさんにとって、学校以外の外出シーンで
もっとも頻度が高く、時間も長いのは、学校の行き帰りか
もしれません。

　発災時の行動は場所によって異なります。地震の場合で
考えてみましょう。

　繁華街なら、ビルからの落下物やビル自体の倒壊に注意
が必要です。人込みでは集団パニックが発生することもあ
るため、冷静な行動が求められます。コンビニエンススト
アやスーパーマーケットでは同じく落下物の危険がありま
す。ショーケースのガラスが割れて、けがをすることもあ
るので、できるだけ距離を取ります。

　もし公共交通機関の施設内にいたら、駅であれば落下物
に注意。電車内では緊急停止の反動の揺れにも注意です。
こうした機関では安全対策として訓練も重ねています。発
災後は駅員や乗務員の指示に従って行動します。また、エ
レベーターの中で地震に遭遇したら、まずはすべての階の
行き先ボタンを押し、止まった階でおります。万が一閉じ
込められたら、インターホンを使って外部に連絡します。

　発災後はどうでしょう。避難が必要になったら、向かう
場所が自宅から避難場所に変わります。自宅と学校との距
離が長いほど、または通学路が複数の街にまたがっている
ほど、把握しておくべき避難場所は多くなります。関連す
る自治体のハザードマップを用意し、地図上で通学路をた
どりながら、「どのエリアにいる時はどの避難場所か」を確
認しましょう。それぞれの避難場所がどの災害に対応でき
ているのかまでチェックしておくと安心です。

4
章

自分なりの防災用品を携帯しよう

つぎに、持ち物はどうしたらよいでしょうか。

外出時にも、防災用品を携帯することが推奨されています。非常用持ち出し袋をそのまま持っているにこしたことはないのですが、自宅にどっしりと置いておくほどの大きさと重さの袋は、毎日の生活の中で、ふだんのカバンに入れて携帯するには大きすぎます。携帯を習慣化しやすくするためにも、入れる用品を厳選する必要がありますし、まとめてカバンに入れるさいにも工夫がいります。

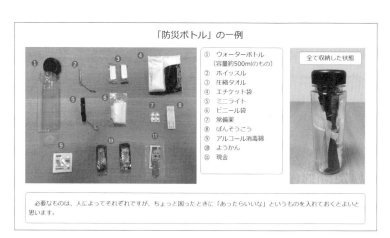

「防災ボトル」の一例

① ウォーターボトル（容量約500mlのもの）
② ホイッスル
③ 圧縮タオル
④ エチケット袋
⑤ ミニライト
⑥ ビニール袋
⑦ 常備薬
⑧ ばんそうこう
⑨ アルコール消毒綿
⑩ ようかん
⑪ 現金

全て収納した状態

必要なものは、人によってそれぞれですが、ちょっと困ったときに「あったらいいな」というものを入れておくとよいと思います。

警視庁警備部災害対策課のツイッターで紹介された防災ボトルとその内容物（警視庁ホームページより）

　そこで、最近では、「防災ポーチ」「防災ボトル」などの呼
び名で、従来の持ち出し袋よりもずっと簡易的で手軽な形
態の持ち出しセットが普及しています。

　ふだん使いのカバンに入れるには、どんなものがいいのか、そして、どのくらいまでの量・重さだったら携帯できるのかを見極めて、自分なりのセットをつくりましょう。

　インターネットにもさまざまな工夫が紹介されています。

　たとえば、警視庁警備部災害対策課のツイッターには、防災ボトルの情報があります。2022年4月の投稿から1年あまりで約7万件の「いいね」がついた投稿には、こう書かれています。

　「災害は、いつどこで起こるかわかりません。そんな災害のときのために、私は外出する際、各種グッズをウォーターボトルに入れた『防災ボトル』を持ち歩いています。コンパクトに収納できるので、カバンやリュックサックに入れても気にならず、防災力を高めることができます。ぜひ、ご参考に！」

4
章

21 交通・通信ラインを知ろう

！ 必要に応じて通信を使えるよう注意すること

災害時には通信はどうなる？

通信サービスは、時に命にもかかわるほど災害時に重要になってきます。そこで、電気通信事業者は、地震や水害などの被害を最小限にとどめる対策を行っています。しかし、地震ひとつとっても、起こるのは揺れだけではありません。長時間の停電や、その後発生するかもしれない津波被害も想定に入れなければなりません。東日本大震災でも、揺れによる被害はそれほど多くなかった一方で、津波によってビル自体が被害を受け、その中にある通信設備が破損するなどしました。

災害発生時は、電話をかける人が急増することもよく知られています。被災地だけでなく、そこに知り合いがいるという他地域の人たちも、安否確認などのためにいっせいに電話を使うことから、電話がつながりにくくなります。

電話がつながりにくい状態を輻輳と言いますが、これが続くと防災機関や、警察、消防といった関係機関も電話不通に陥ってしまいます。そこで、事業者は、緊急通信以外の一般利用の通信量を規制します。ただし、公衆電話は規制から外れ、使用できることがあります。

このことからもわかるように、まず、自分が被災者ではない場合は「被災地への電話は控えること」を心がけてくだ

さい。そのうえで、被災者であってもなくても、輻輳の中でどうしても連絡が取りたい場合は、公衆電話の利用も方法のひとつです。

公衆電話を使ってみる

公衆電話にはデジタルとアナログの2種類があります。

公衆電話の使用方法		
公衆電話には、アナログ公衆電話とディジタル公衆電話の2種類があります。両者間で通常時の使用方法に違いはありませんが、停電時や無料化された際の使用方法は異なります。		
	ディジタル公衆電話	アナログ公衆電話
機種外観		
通常時の使用方法	受話器を上げ、硬貨又はテレホンカードを投入し、電話番号をダイヤルします。	
緊急通報の使用方法※1	硬貨やテレホンカードは**不要**です。受話器を上げ、**そのまま110番等を**押します。	硬貨やテレホンカードは**不要**です。受話器を上げ、**緊急通報ボタンを押した後**、110番等を押します。
停電時の使用方法※2	【液晶ディスプレイが消えています】基本的に**通常時と同様**です。ただし、**テレホンカードは使用できません。** ※同一場所に複数台設置されている場合、停電時に稼働していない電話機もあります。	【赤いランプが消えています】基本的に**通常時と同様**です。ただし、**テレホンカードは使用できません。**
無料化措置時の使用方法（災害発生時等）※3	硬貨やテレホンカードは**不要**です。受話器を上げ、**そのまま**電話番号をダイヤルします。	受話器を上げ、**硬貨又はテレホンカードをいったん投入し**、電話番号をダイヤルします。通話終了後、硬貨又はテレホンカードは**そのまま返却されます。**

※1 110（警察）、118（海上保安）、119（消防、救急）への通話方法となります。
※2 グレーのディジタル公衆電話機についてはバッテリを搭載していますが、バッテリ消耗時は硬貨も使用できなくなります。
※3 災害救助法が適用される規模の災害が発生し、かつ広域停電が発生するなど被災者の方々の通話を確保することが必要とNTT東日本・NTT西日本が判断した場合には公衆電話からの通話を無料とすることがあります。

公衆電話の使い方
出典：総務省ホームページ　https://www.soumu.go.jp/main_content/000162017.pdf

基本的に使い方は同じですが、デジタルの場合、条件を満たした災害時には、通常であれば使用するのに必要な硬貨（こうか）やテレホンカードは不要になります。もし、これらを持っていなくても、デジタル公衆電話なら利用できる可能性があるということをぜひ覚えておいてください。

　ただし、公衆電話の設置台数は減少（そうむ）しています。総務省によると、2020年3月末現在、公衆電話は約14.6万台設置されていますが、これは20年前の3分の1以下です。背景には、設置台数の減少以上に進んでいる通信回数の減少があります。このように、利用者の公衆電話離れ（はな）が進んでいますが、災害時などに有効であることから、ユニバーサルサービスとしての公衆電話の見直しも行われています。

　台数減少の中で、公衆電話を見つけるのが以前に比べると困難になってきています。そこで、自分の行動範囲（はんい）にあ

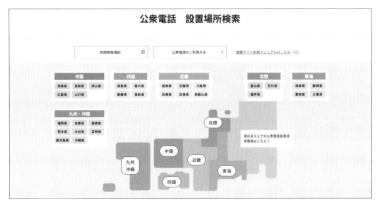

NTT西日本の公衆電話設置場所検索（NTT西日本ホームページより）

る公衆電話の設置場所を事前に調べておきましょう。インターネット上でも検索できます。NTT東日本とNTT西日本のサイトにある公衆電話設置場所検索では、調べたい地域の地図上に、公衆電話のアイコンが表示され、位置を示します。屋内／屋外、終日利用の可／不可などの情報もあわせて載っています。

災害用伝言ダイヤルを使ってみる

　公衆電話に加えて、安否確認にも、災害に特化したシステムがあります。そのひとつが、災害用伝言ダイヤル(171)です。「地震、噴火などの災害の発生により、被災地への通信が増加し、つながりにくい状況になった場合に提供が開始される声の伝言板」(NTT東日本)です。一度録音することで、その音声を複数の人がいつでも、どこからでも確認できます。そのため、以前は複数回の通話が必要だった安否確認が効率的になり、被災地への電話の集中を少なくすることができます。

　災害用伝言ダイヤルは、ふだんから体験できる日が設けられています。毎月1日、15日が基本で、加えて防災週間(8月30日から9月5日)や正月3が日などでも利用できます。こうしたシステムは、一人が使いこなせるようになっても、他の誰も確認しないのでは目的を果たせません。家族や知人が集まる機会に実際に使い、みんなで慣れておくよう呼びかけられています。

4章

4章　外での「自分の防災」デザイン

22 帰宅困難者になったら

！ 災害時は市民の心がけが混乱軽減に貢献

鉄道や道路など
交通インフラの状況変化

　交通インフラ事業者は、利用者の身が守られるよう、平時から安全対策を続けています。しかし、災害による影響はゼロにできず、時として大きな被害が発生します。

　鉄道では、1995年の阪神・淡路大震災で、震度7のエリアに限ると、運行中の列車のおよそ9割が脱線。また、2004年の新潟県中越地震では、新幹線が脱線するなどしました。列車内だけでなく、駅構内でもホームの倒壊といった被害が出ています。

　そこで、鉄道各社は、建物の耐震化はもちろん、走行中の列車被害を軽減するため、列車の緊急停止システムを整備しています。たとえばJR東日本では、初期微動に続いて主要動が起こるという地震の性質を利用し、初期微動の発生を受けて、主要動がやってくる前に新幹線のブレーキを作動させる新幹線早期地震検知システムを導入しています。

　鉄道で移動中に被災した場合、何よりも大事なのは、慌てて車内から出ないことです。乗客の安全を確保するために、各社は備えをしています。列車が止まったら、乗務員の指示に従い、落ち着いて行動してください。けがをした

人がいる場合は、乗客同士の助け合いも重要です。

　道路にも注意が必要です。もっとも身近な交通インフラですが、災害時には状況が様変わりします。建物の倒壊などにより、なかには通行が不可能になる道路もあります。そのような中で、避難する人びと、迎えに行く人びと、それぞれが使う車、そして緊急車両などがいっせいに移動を始めます。

　その流れは通行できる道路に集中するため、30分で100メートルしか進まないといった車両の大渋滞が起こります。路上に放置車両も増えるなどして、混乱に拍車がかかります。過去の災害でも、大渋滞が緊急車両の通行に大きな支障を与えたケースは枚挙にいとまがありません。

　そこで、2014年の災害対策基本法改正では、緊急車両の通行ルートを確保するために放置車両対策が明確に位置づけられました。道路管理者は、放置車両の運転手に移動命令が出せ、運転者がいない場合は、強制的に放置車両を移動させることもできるようになっています。

　道路の利用者である私たちにもできることがあります。地震発生時には車両を使用しないということです。中高生のみなさんには、外出先で被災した場合に、保護者がお迎えに来るというケースがあるかもしれません。しかし車での移動は控えることが推奨されています。

　もし、地震発生時に車に乗っていたら、緊急車両の通行の妨げにならないよう道路外に車両を移動させます。ただ、どうしても車を置いて避難しなければならない時は、邪魔にならない場所に駐車することはもちろん、エンジン

を止めて、キーを車内に残し、ドアのロックはしない、など他者が車を移動させられるようにしておきます。

帰宅困難者になったら、どうする？

　交通インフラとあわせて考えておかなければいけないのが、帰宅困難者になった時の対応です。原則は「むやみに移動を始めない」です。車両と同じく、該当者全員がいっせいに移動を始めると、街や駅に歩行者があふれかえり、大混乱で二次被害を招く危険があります。

　たとえば、首都直下型地震時に首都圏で発生する帰宅困難者は、実に640万から800万人にのぼると想定されてい

人と車があふれる、東日本大震災発災当日の道路（東京都帰宅困難者対策ハンドブック〈平成25年1月〉より）

ます。また同地震時に、満員電車状態（1平方メートル当たり6人以上）に3時間以上巻き込まれる人が首都圏で200万人にのぼるだろうという指摘もあります。

　これを受けて、東京都は帰宅困難者対策条例を設けて、備えを強化しています。従業員のいっせい帰宅の抑制を事業者の努力義務としたり、一次滞在施設として指定した都立施設で関係各所とともに帰宅困難者を受け入れたりするのです。東京都に限らず各地の自治体が対策を進めていますので、通学路に含まれる自治体に帰宅困難者対策があれば、確認しておくと安心です。そして、みなさんの通学している学校の対策も調べてみましょう。帰宅困難者に、学校はどのように対応するのか。教職員や生徒児童が公共交通機関や専用バスなどを利用して通学通勤している場合は、事前の検討が欠かせません。

東京都庁舎での帰宅困難者受け入れの様子（東京都の帰宅困難者対策の基本的考え方〈平成24年1月13日〉より）

4章

5 章	未来への防災

5年後10年後の これからの防災

これからの防災で問われる生き方

自然の「脅威」をどうとらえるか？

　この本では、自分に起こり得る災害をできるだけ具体的に想像して、自分に合った対策を考えることの大切さと、それを実現する方法をお伝えしてきました。ここまで読んできたみなさんは、災害をもたらす自然についていま、どのように感じているでしょうか。

　より真剣に災害対策を考えた方の目には、もしかしたら、自然はやっかいで困った存在として映っているかもしれません。もともと好きだった自然が、嫌いになったということもあるかもしれません。

　いったん小休止して、では、視点を変えてみましょう。物事を見る目を、自分の身の回りから離して、ぐんぐん空高くもっていきます。月に届きそうなくらいまで飛ばしてみましょう。そこでふり返って見えるものは、そう、自転する青い天体。地球です。

　その地球の表面では、絶えず何かが動いています。こちらからあちらに、雲が流れていきます。一瞬ぴかりと光って、たくさんの雨を降らせています。ときどき地面や水面が揺れています。局所的な時もあれば、広範囲におよぶ時もあります。時おり水面が地面を覆い、しばらくしてまた元の地面が顔を出します。地面には凹凸があり、そのふく

らみが崩れたり、水の流れが変わったりします。

　こうした動きによって、水や空気などが循環し、地球は続いてきました。46億歳の地球にとって、地震も、大雨も、津波も、長く続いてきた体の一部の日常的な動きであるのです。

　その動きを、「災害」と名づけたのは、600万歳ほどの人類です。災いであり害であるのは、あくまでも人間にとっての話と言えます。そして、時に災害をもたらす地球が、人間に、大きな恵みを与えてきたことも事実です。私たちは、海からも山からも、たくさんの食べ物を得てきました。そして、自然の姿から私たちは美しさを感じ取り、心の豊かさも育んできました。

Google Earthで見られる地球の姿

5
章

自然の恐ろしさと豊かさと

　自然からは害ももたらされますが、豊かさも享受しています。日本はその典型ではないでしょうか。地震や集中豪雨の頻度などにより、災害大国として知られていますが、その一方で、世界でもめずらしいほどの明確な四季をもち、折々に自然が表情を変え人びとを楽しませ、豊富な食材をもたらします。

　時には生活を破壊してしまうほどパワフルな自然を、おそれをもって接してきた文化もあります。そこでは、人間の力がおよばない大きな存在として、自然が信仰の対象にもなってきました。日本のほかにも、たとえば、ハワイでは火山信仰があり、ペレという名前の女神が登場する神話があります。自分たちを自然と闘う存在ではなく、自然の中で暮らす小さきものとして位置づけて、日々の営みと自然の両方を大切にする姿勢が伺えます。

　こうした文化でみがかれてきた自然との向き合い方が、今後の防災を考える時にヒントになるのではないかと指摘する専門家もいます。災害はくり返しやってきます。しかも日本は災害が起こりやすい環境にあります。ではどうするか、という問いに終わりはありません。

　たとえば、津波が来ると予想されている地域では、防潮堤をつくるという選択肢があります。津波被害を避けるために必要と考える人は、できるだけ高い防潮堤を望みます。しかし、もともとあった防潮堤で「だいじょうぶ」と言われておきながら被害を免れることができなかった事実を

根拠に、建設に反対意見も出ます。背景には、想定は当てにならないというあきらめや、先祖代々親しんできた海の景色が巨大なコンクリートの壁によって見えなくなることへの違和感もあるかもしれません。

　これは、東日本大震災の津波被災地で実際に起こった議論です。宮城県気仙沼市では、海とともに生きていくために地元の人たちが真剣に議論を重ね、ある漁港の防潮堤計画が中止されました。

　災害は、完全には防ぐことはできません。ではどうするか。自然に負荷をかけてでも、可能な限りの資材を投じて積極的な減災対策を講じるのか。あるいは、他の生物と同様に、その場所では被害を受け入れることはやむを得ないとし、街を移転させるなどの方法を選ぶか。

　科学技術の発達にともなって対策の選択肢も増えている現代では、防災や減災を考えるさいに、私たちの生き方や哲学までもが問われています。

東日本大震災の被災地で
建設された巨大防潮堤

日本都市計画学会関西支部ライフスタイルが紡ぐ
まちのみらい研究会提供

5章

24 正しく恐れる

!　リスクを決める三つの要素

正しく恐れるためには

　防災の究極の目標は、災害による被害を防ぎ、身を守ることです。しかし、それを100パーセント実現するのはほぼ不可能と言ってよいでしょう。そのため、現在の備えを完璧だと信じ込むのは非現実的です。同時に、備えに欠陥があると必要以上に心配をしすぎることも、マイナスの影響が大きくなります。防災を考えることで、身を守るどころか、健康を害してしまうからです。

　「正しく恐れる」という言葉があります。「怖がらな過ぎること」と「怖がり過ぎること」は簡単にできるけれど、その中間にある「正当に怖がること」は実践するのが難しい、という意味があるようです。まさに、防災を考える姿勢もそれに当てはまります。

　大切なのは、備えることで減らせる被害が確実にあるという事実です。備えはむだではなく、具体的な訓練など備えの積み重ねが、防災力を向上させてくれることをもう一度確認しましょう。そして、その営みのスタート地点が、リスクの正当な評価です。

　では、そのリスクの大小は、どうやって決まるのでしょうか。答えは、「ハザード、曝露、脆弱性の三つがからみ合って決まる」です。

ハザードとは、被害のもととなる現象です。浸水や土砂崩れなどの想定箇所を示した地図をハザードマップと呼ぶのはそのためです。つぎの曝露は、ハザードのある場所に人や建物などがどれだけ存在しているかということ。そして脆弱性は、ハザードに適応する力の低さです。

ハザードの変化や大小にだけ注目しても、リスクは把握できません。人口に代表される曝露の大きさと、インフラ整備のための経済力や技術力、被災の経験といった脆弱性を考慮して、はじめてリスクは浮かび上がります。誰も住んでいない荒野で、集中豪雨が多発したとしても、ハザードが高いだけで、人間にとってのリスクは低いのです。

ハザードのほかの二つの要素は、いずれも社会によって大きく変化します。ハザードは変えられなくても、これらは人の手によって変えられるのです。リスクと向き合う時に、ぜひ覚えておいてほしい考え方です。

5章

リスク＝ハザード×曝露×脆弱性
「国立環境研究所「環境儀」No.61コラム1図3をふまえて一部改変

日常に防災を

防災のためにいちばん大事なことは

この本では、防災のなかでも、中高生のみなさんにぜひ知っていてほしい事柄や考え方をご紹介してきました。そして、自分なりの防災をデザインする意義を強調してきました。その締めくくりに、みなさんに質問です。

防災でいちばん大事なことは何でしょうか。

ヒントは、「完璧な計画をつくることではない」ということです。事前の準備が大事、とくり返し強調してきたので、不思議に思う方もいるかもしれません。確かに、完璧をめざして計画をつくるのは大事なことです。でも、「いちばん」大事なことは、それではないと言われています。

では、何か。答えは、「どのような災害でも、動けるようになること」です。計画をつくっても、動けなければ始まりません。ある災害だけだったら、動けるけど……、ということでも困ります。

そして、これができるようになるためには、何が起こるのかを、常に、脳内でシミュレーションすることが欠かせません。

防災の専門家は、このように警告しています。

「いまは、震災後ではありません。つぎの震災の前なんです」

2011年の東日本大震災では歴史に残るほどの甚大な被

害が出て、そのインパクトの大きさから、私たちは、現在について、あの震災を起点とした「震災後」という意識をもちがちです。そして、3.11の節目の日に復興や追悼のニュースにふれ、震災を思い出し、また翌年までのあいだに関心を薄れさせるという傾向もあります。

　しかし、その意識を一歩進め、「いまは、つぎの震災の前」ととらえ直したらどうでしょう。いっきに、緊張感が湧いてくるのではないでしょうか。そして、たとえ大きな災害でも備えによっては助かる余地が見い出せると覚えておけば、より前向きに防災に取り組めるということもあるかもしれません。

静岡県地震防災センターの展示。ローリングストックなど日常の中で防災を意識

益田美樹撮影

5章

災害を特別なことと思わない

　災害に対する意識レベルを上げていくと、当然のことながら、日常生活で防災を考える機会が増え、防災にかかわるモノ・コトが目につくようになります。その流れを後押しするかのように、近年では、日常でも使える防災グッズや技術も盛んに紹介されています。

　災害時の備えを特別な行動として、ふだんの生活から切り離すのではなく、継続して位置づけることを、シームレス（途切れのない）防災と呼びます。平時には学校として活用する建物を、災害時には避難所として活用するという既存の取り組みはまさにシームレスです。そのほかにも、生ごみを堆肥にするための資材を、災害時にはトイレ用に活用して排泄物を分解させるなど、さまざまなアイデアが出てきています。

　このように、日常で防災を意識するようになれば、いちばん大事なことである「どんな災害でも動けるように」に近づきます。つぎの震災に向けて、正しく恐れて計画し、自分を訓練することが、身を守る一歩です。

　訓練と聞いて、億劫だなと感じる方もいるかもしれません。でも、それでもあえてそう書いてお勧めするのには理由があります。人は失敗をくり返して成長していくものですが、残念ながら、災害に関しては失敗ができません。最悪の場合、死んでしまうからです。自分で訓練を重ねられるかどうかが命の分かれ目になることもあります。

　ある別の防災専門家が、こんなことを教えてくれました。「釜石市では子どもたちはほとんど助かったけど、津波のことを知らないお母さんたちがたくさん犠牲になった」。意識して訓練をしていたら助かった命がある。過去の幾多の被災者が教えてくれるメッセージです。

　みなさんが意識を上げていくことで、まわりの人にも気付きや自発的な行動をうながすことができます。大事な家族や友人を守るためにも、ぜひふだんの生活から率先して防災を意識してみてください。めざせ、「どんな災害でも動ける人」。みなさんが活躍する将来の社会が、今よりもっと防災力を高められるかどうかも、そこにかかっています。

5章

ふだん使いの防災グッズ

PROFILE

[金森 智 さん]
かな　もり　さとる

株式会社モンベルの広報部課長。同社は
アウトドア用品が平常時から災害時まで
広く役立てられる点に着目し、それを社
会に発信している。

→ 災害時、アウトドア用品が役立つ

インフラが途絶えても問題なし

　アウトドアでの活動は、自然環境の中で楽しむもので
す。自然の中に行くと基本的には、電力や水道といったイ
ンフラから離れます。その、一見不自由な状態を遊びのよ
うに楽しむのがアウトドア活動の魅力で、アウトドア用品
もそれを可能にするようにつくられています。ですから、
アウトドア用品は、災害が起こってインフラが途絶えた状
況でも役立ちます。

　たとえば、ハイキングに行く時、雨天時には雨具が必要
です。一般的には傘をさしますが、風雨災害の時は傘がさ
せない。そういう状況では、ハイキング用の高機能のレイ

➡たとえばモンベルの商品「浮くっしょん」は、ふだんはクッションとして使えるライフジャケット。東日本大震災の津波では、ダウンジャケットを着ていて助かった人がいた。身近に置いてあればもっと多くの命が助かったかもしれないという思いで開発された。小さめの座布団サイズで、クッション袋に入っている。建物のほか車でも備蓄できるといい。

ンウエアを着ることで安全安心に移動ができる。体が濡れないので、体が冷えることはないし、体力も奪われることがない。

　それから靴。東日本大震災時にも帰宅難民という言葉があったように、災害で電車が止まると、長距離を歩いて帰らなければならなくなります。そこで、トレッキングシューズが役立ちます。中長距離の移動に耐えられますし、舗装されていない道を歩く想定でデザインされているので、足元の悪い災害時の歩行にお勧めしています。

　バックパックはすでに知られていますね。ショルダーバッグやハンドバッグじゃなくて、バックパックを使うことで、災害避難時は両手が使え、転んだ時も受け身が取りやすい。両手が使えるということでは、登山者が必ず持っていくグッズとしてヘッドライトがあります。辺りを照らしながら手が使えるので、荷物の出し入れなど、災害時にも有効です。

キャンプで育む災害対応力

　キャンプだと、自然の中で寝る場所を自分で確保して泊まることになります。単に道具を持っているだけでなくて、実際にキャンプをやってみると、慌てずに行動できるといった対応力が身につきます。インフラが復旧しない中

5章

での過ごし方です。暗い中でヘッドライトを使って手作業
をしたりとか、食事をしたりといった経験がキャンプの中
でできるのです。

　キャンプ用の食料を防災食として活用することもできま
す。たとえば、フリーズドライのご飯。少ない水と燃料で
できますから、被災地に支援に向かわれる方で、このよう
な商品をお求めになった方はたくさんいらっしゃいます。

阪神・淡路大震災で始めた支援

　アウトドアの道具が災害に役立つという発想は、阪神・
淡路大震災の災害支援から生まれました。被災直後、公園

1995年の阪神・淡路大震災で活動するアウトドア義援隊

で避難されている方に、われわれが持っているテントと寝袋を提供したことがきっかけです。アウトドアの関連企業や団体のみなさんにも協力していただき、支援品を送って、名前をアウトドア義援隊としてスタートしました。

　東日本大震災でも活動しました。テントを貸し出し、設営もお手伝いしました。テントは、体育館の中でもプライバシー空間を守るためにお貸しし、商品化にもつながりました。簡単に立てられて、４人ほどが入れる室内専用テントです。今では、自治体にも導入されています。

2011年東日本大震災でも発災直後から活動を展開

アウトドア用品が有効な理由

　なぜアウトドア用品がいいのか。第一に、軽量でコンパクトに設計されていることが挙げられます。雨具から寝袋、テントにいたるまで、すべてがコンパクト。家の中で備蓄しても場所を取りません。

　他のメリットとしては、衣類であれば、動きやすさ、ですね。登山だと足を上げたりしゃがんだり、という動きがあるので、ストレッチ素材が使われています。１時間以上座っていても疲れづらい素材です。

　洗濯してもすごく乾きやすい。それもメリットです。天気のいい日だったら1時間ぐらい干しておけばすぐに乾いてしまいます。着替えがあまりない時に、乾きやすいのは助かります。

　薄くても暖かくて保温性が高いということも、災害時にとても役立ちます。身につけている下着などが水に濡れるだけで体温はどんどん奪われ、低体温症のリスクが高まります。こうした衣類・素材の選択はアウトドアではとても大切なのですが、命を守るという意味で災害時でも同じことが言えます。

INTERVIEW

アウトドア経験は 被災時の助け

　道具は使っていないと、いざという時に使いこなすのが難しいかもしれません。ハイキングは比較的誰でも始めやすいアウトドアアクティビティーです。長距離を歩く経験になるので災害時に自宅まで帰宅する時の予行演習になるなど、いろいろな学びはあるかなと思います。

　近年では、アウトドアに親しみ自宅にキャンプグッズをそろえている人も多いと思いますが、そうしたアウトドア愛好家は、災害が起きても家が燃えない限りはそれを使って、公園だろうがどこだろうが、生活を「苦なく」続けられるのではないでしょうか。キャンプの楽しみを知っていることで避難生活を余裕をもって過ごせるのではと思います。

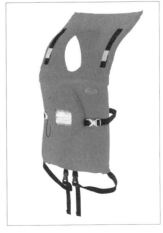

平常時から使える防災用品の例。はじめて使う人も簡単に装着でき、緊急用ホイッスルも付属している「浮くっしょん」

5章

環境と防災

　広い視野で真剣に防災と向き合うために、私たちには何ができるでしょうか。

　この本の冒頭で、災害を防ぐことは不可能だ、と書きました。しかし、「減らすこと」は可能です。災害の原因には、人間の「しわざ」が影響していることもあるからです。

　これまでの経済成長や、それを基にした私たちの暮らし方は、自然界に対したくさんの負荷をかけています。その結果、温暖化が加速するなどし、十数年に一度というレベルの深刻な災害がたびたび発生するようになっています。

　このままでは悪化の一途をたどり、さらに深刻な災害が頻発したり、人類の存亡にかかわったりする可能性も指摘されています。環境問題は、私たちの子や孫の世代に大きな負の影響を残してしまう緊急の課題なのです。

　残念なことに、深刻な状況に晒されている人たちがすでにいます。たとえば、南太平洋にある島々は、最高標高が数メートル以下と平坦で、温暖化による海面上昇によって水没が始まっていると言われています。洪水の深刻化に歯止めがかからず、いずれは沈むのではと懸念されています。

　この地球にいま生きている誰も犠牲にすることなく、加えて、未来の世代の誰も犠牲にすることなく、現在の暮らしをどうつくっていくのか。これは、持続可能な開発目標

(SDGs)の大きなテーマですが、防災の面からもまさに問われるべき課題となっています。

　防災グッズをそろえたり、発災時の行動を確認したりすることは非常に大事です。ただ、もっと広い視野で、いまに生きる人として防災をとらえる時、環境負荷の少ない生活を心がけて、災害の発生自体の抑制に貢献することが、ますます大切になってきています。

　これは、未来を生きていく中高生のみなさんにとっては、より切実な問題ではないでしょうか。実際に、国内外で多くの若い世代が、身近な生活を見直し、大人たちに対しても改善を求め、理解を広げています。

　生活の中でできることはたくさんあります。自家用車ではなく公共交通機関を利用したり、プラスチックごみを出さない消費に切り替えたり。ユニークで魅力的な工夫をインターネットで発信している団体・個人が日本にもいますので、ぜひ一度チェックしてご覧になることをお勧めします。

5
章

『海の見える病院
語れなかった「雄勝」の真実』

辰濃哲郎著
医薬経済社

海のすぐそばに立つ石巻市立雄勝病院は、東日本大震災で津波にのまれ、多くの死者を出しました。その時、何があったのか。元新聞記者のノンフィクション作家が、口を閉ざす関係者に丹念に取材を続け、真実に迫った渾身のドキュメンタリーです。辛くて読み終えるのに数年かかったという人も。真に必要な防災対策とは何かを考えさせられます。

『2084年報告書:
地球温暖化の口述記録』

ジェームズ・ローレンス・パウエル著
国書刊行会

地質学者が書いた小説。舞台は、地球温暖化が進んだ結果、災害、戦争、分断などさまざまな危機が起こり人びとを襲っている2084年の世界。登場人物は、なぜ前の時代の人びと(つまり私たちです)は、地球温暖化を止められる余地があったのにそうしなかったのかと問いかけます。私たちは後世の人びとの加害者になり得る。その事実を突きつけられます。

『キャンプ×防災のプロが教える 新時代の防災術 ─アウトドアのスキルと道具で家族と仲間を守る!』

寒川 一監修
学研プラス

キャンプの道具や技術が、ライフラインのない災害時の助けになります。防災道具を備えておくところから一歩進んで、それらを使いこなしていく。そして、被災したら耐えるのではなく、生きるために積極的に衣食住を確保する。そんな能動的な防災をめざしたい人必見の、アイデアが詰まった一冊です。

『プロの防災ヒント180 警視庁災害対策課ツイッター』

日本経済新聞出版編集、警視庁取材協力
日本経済新聞出版

「20避難経路と携帯物を知ろう」のページで紹介した、警視庁災害対策課のツイッターの防災ヒントを集めた本です。特に人気を集めたものを厳選し、災害別に掲載しています。日常的に目にしている身近なモノが、ちょっとした工夫で便利な防災グッズに変身する!そのアイデアはどれも興味深く、読み物としても楽しめます。